Aprende a Vender Profesionalmente y el Telemarketing en las Ventas

IT Campus
Academy

JUAN CARLOS GONZÁLEZ IGLESIAS

IT CAMPUS ACADEMY

ISBN-13: 978-1518681219

Tabla de contenido

Un Poco de Historia sobre las Ventas

Podemos considerar que el comercio entre las naciones, en forma de intercambio de bienes (trueque) o involucrando productos considerados valiosos como piedras y metales preciosos, comenzó al mismo tiempo que la formación de la sociedad. En un principio estaba dirigido a satisfacer la necesidad de supervivencia y se basaba totalmente en una relación de canje. Se intercambiaba una piel curtida por dos cerdos, por ejemplo. Lo que se tenía se cambiaba por lo que faltaba. Los intercambios se producían sólo a nivel familiar y no había ningún tipo de organización formal para su cumplimiento. Con la formación de ciudades y pueblos, las ferias fueron apareciendo, siendo una manera más formal para el comercio, si bien aún era personalizada por los propios productores quienes intercambiaban los bienes que producían. Una característica de este periodo es que no se necesitaban vendedores. Es decir, ¡todavía no existíamos!

Con la aparición de las llamadas grandes civilizaciones, egipcia, griega y romana principalmente, surgieron ciudades, y toda la estructura típica de una gran metrópoli, como tiendas, almacenes, panaderías, etc. También surgieron necesidades más sofisticadas, requeridas por las clases dominantes en todas las culturas, como los faraones, sus familias y sacerdotes, emperadores, senadores y por los señores con poder: toda una clase de políticos ricos y figuras de importantes familias. Entonces comenzó un fuerte intercambio de bienes entre las diversas partes del mundo antiguo y de Asia, sobre todo Egipto. Todas las mercancías eran transportadas por caravanas o por pueblos de navegantes como los fenicios. Podemos considerar a estos como los primeros vendedores de hecho, comprando y vendiendo mercancías de un lugar a otro.

Dos características importantes de este momento económico eran que: "La producción era inferior a la demanda" y "Había poca o ninguna competencia."

Curiosamente, estas dos características se prolongaron hasta el siglo 20, en los países desarrollados como Estados Unidos y los países europeos.

¿Cuándo los vendedores y sus técnicas de venta han pasado a ser importantes y a estar valorados?

La persona responsable por darnos un lugar en el mercado es exactamente la figura más temida por las empresas en general: LA COMPETENCIA.

Con la aparición de varios proveedores para el mismo producto o servicio, pasó a existir la necesidad de mostrar las diferencias entre estos productos y servicios. La necesidad de mayor agresividad en la búsqueda del cliente también se generó por la competencia y una de las maneras de lograr estos efectos fue contratar vendedores para, físicamente, llegar hasta el cliente, buscando su pedido o contrato.

Otro fenómeno interesante que ocurrió con la competencia fue el crecimiento del nivel de exigencia de los consumidores, que con una mayor oferta de bienes y servicios se volvió más sofisticado, requiriendo más de sus proveedores. Surgió entonces "la necesidad de satisfacer a los clientes".

Es famoso el "caso" de Ford, quien a principios del siglo dominó el mercado de automóviles de Estados Unidos con su modelo T, siempre pintado en color negro, como era la costumbre desde los carruajes y los buggies. Sin embargo, ya que "los éxitos del pasado no garantizan el éxito en el futuro", su fundador no se dio cuenta de que con la popularización del automóvil, un fenómeno que él mismo había creado, los consumidores ahora querían un poco más, como vehículos con otros colores. Henry Ford, un genio cuando inventó la cadena de montaje, abaratando el precio de los automóviles, fue el protagonista del primer caso crónico de "miopía de mercado" cuando pronunció su famosa frase - "El consumidor puede tener el coche del color que le guste siempre y cuando este sea negro". La recién fundada General Motors, se dió cuenta de esta evolución en los deseos de los clientes y con el lanzamiento de vehículos de otros colores superó a Ford, que nunca más lideró este mercado.

La "jerarquía de las necesidades" que Maslow desarrolló en 1954 busca mostrar exactamente cómo las necesidades del ser humano evolucionan a medida que su desarrollo personal. Así que primero tratamos de satisfacer nuestras necesidades fisiológicas para la supervivencia, como alimento, vivienda, ropa, etc. Luego viene la seguridad, con la reunión en sociedades organizadas con vigilancia, normas y leyes. Se continúa entonces en busca del amor, la estima y la autorrealización. A medida que vamos satisfaciendo estas necesidades vamos sofisticando nuestras aspiraciones y de esta forma el mercado evoluciona, ofreciendo siempre nuevas y mejores opciones. Por ejemplo, ¿quién en la actualidad iba a comprar un ordenador con un procesador 386? Sin embargo este fue un éxito de ventas en su lanzamiento.

La evolución del perfil del vendedor

A través de los años y con la sofisticación del mercado podemos ver el surgimiento del "Vendedor Profesional", aquel profesional de ventas preparado para ser un vendedor.

Desde el punto de vista académico lo tenemos todo para lamentarnos. Todas las profesiones importantes del mercado tienen cursos superiores o técnicos en las escuelas y universidades para su formación y titulación. Menos la de vendedor. La única profesión necesaria para todo tipo de negocio o empresa es exactamente en donde menos se invierte en la formación profesional. Hay escuelas de medicina, derecho, ingeniería, economía, gestión, etc. pero no hay una de ventas para formar Vendedores Profesionales con conocimientos de psicología, economía, administración, matemáticas, estadística, antropología, lenguas y materias incluso más recientes, como la neurolingüística.

El tiempo en el que un profesional que no podía tener éxito en su especialidad trabajaba de vendedor ya pasó hace mucho. Hoy el vendedor que no es un profesional, que no está realmente preparado para su profesión, está condenado a la mediocridad o para el fracaso. Será sólo "otro" en el mercado.

La evolución del perfil del comprador

De la misma forma en que los vendedores, los compradores también evolucionaron. En las empresas con técnicas administrativas y de recursos humanos más desarrollados, estos trabajadores también están siendo entrenados para su función, a diferencia del pasado, cuando esta función se veía como una tarea administrativa. A menudo con un título universitario en administración de empresas o economía, los compradores en las empresas modernas son profesionales mucho mejor preparados, lo que facilita nuestro trabajo de vendedores porque es mucho más fácil negociar con profesionales de buen nivel, preparados para emprender una propuesta o análisis de coste final, por ejemplo.

Los profesionales de recursos humanos, que por lo general son los contactos para la venta de servicios, también tienen este perfil.

¿Qué vendemos?

Esta es una pregunta que parece muy fácil de responder y curiosamente en la que es más fácil equivocarse. Por lo general, tendemos a responder desde nuestro punto de vista de proveedores y así vamos a describir las características del servicio o del producto que vendemos. Por ejemplo, un servicio de limpieza y mantenimiento, una depilación con cera o un producto químico. De hecho esto es lo que producimos o hacemos, pero no necesariamente lo que vendemos. La forma correcta es mirar lo que vendemos punto de vista del comprador y luego preguntar...

¿Qué compran los clientes?

El cliente compra los beneficios que el producto o servicio pueden darle a él. Por ejemplo: Una fábrica de taladros vende, desde el punto de vista de la producción, un taladro de alta velocidad de acero, de 1/4de diámetro, con punta de una determinada forma y longitud de 10 cm., pero desde el punto de vista del cliente lo que se está comprando son agujeros.

Así que toda nuestra presentación de ventas entera se hará con este enfoque, destacando los resultados de nuestro servicio, que nuestro personal recibe el apoyo de tal o cual producto, la facilidad que nuestro taladro tiene para hacer agujeros de forma perfecta y rápida, con el diámetro que el cliente quiere y con mayor durabilidad que los modelos de los competidores, etc.

A menudo, el cliente puede comprar necesidades que él no sabe que tiene y llegar a percibirlas después de serle mostradas. Como un tratamiento para alargar la durabilidad de un suelo o un nuevo producto o concepto que él no conocía todavía.

La relación del vendedor con sus clientes

- Los años 60: "Ustedes son una maldita molestia"

- Los años 70: "Se busca la satisfacción de los deseos de los clientes"

- Los años 80: "Anticiparse a los deseos de los clientes es el objetivo"

- Los años 90: "Se busca el compromiso con el éxito del cliente"

- Década del 00: " Se impone el marketing de relaciones"

Mucho ha evolucionado en las últimas cuatro décadas la forma en la que vemos al cliente. Puede parecer una broma o una exageración pero la frase relativa a la década de los 60 expresa exactamente lo que se veía en las empresas generalmente.

En la década de los años 70 se mostró un avance significativo en la forma en que los vendedores trataban a los clientes. En ese momento (finales de los 60), Ford hizo las paces con la miopía de su fundador, con el lanzamiento del Ford Mustang, uno de los mayores éxitos de la industria automotriz mundial, totalmente basado en la investigación de mercado, que retrataba fielmente las preocupaciones y deseos que el mercado de Estados Unidos tenía para un nuevo coche y que luego fue copiado por sus competidores más grandes.

En los años 80, "anticipar los deseos de los clientes", fue la máxima más utilizada por las empresas y con mucho éxito. De hecho estábamos siendo pro-activos en relación a nuestros mercados y según nuestra experiencia en el negocio podíamos anticipar las necesidades de servicios o productos, incluso antes de que nuestros competidores pudieran hacerlo. Esta ventaja competitiva ha llevado a muchas empresas a la dirección de su mercado, tanto en el doméstico como en el industrial (empresa a empresa). Microsoft y Disney son ejemplos de esto.

Pero las mejores formas de relaciones con los clientes (y no porque sean las más recientes) son sin duda "estar comprometido con el éxito de mi cliente" y el "Marketing Relacional". Esto significa que usted como proveedor de servicios o productos está tan involucrado en el negocio de su cliente que pasa literalmente a ser parte del mismo, compartiendo sus problemas y soluciones, compartiendo responsabilidades y éxitos. En realidad es como los seguidores de un equipo de fútbol, que sufren y vibran junto con su equipo. Estos dos puntos de vista deben guiar a las empresas en los próximos años.

Planificación Estratégica

Antes de avanzar a través de las técnicas de ventas tenemos que organizarnos como empresa y en esta tarea la planificación estratégica es clave. Sin ella es como salir de casa sin saber a dónde ir.

Muchas empresas, insertan este elemento a su:

- **Misión** - Es la vocación de la empresa, la razón de que exista. Por ejemplo: Para ofrecer a sus clientes un sistema completo de limpieza y conservación.

- **Visión** - Es a donde la empresa quiere llegar. Por ejemplo: Ser el líder en pulidoras industriales.

- **Valores** - Son los valores morales, éticos, etc. Por

ejemplo: Nuestros empleados y clientes son nuestro mayor activo.

La planificación estratégica determina el enfoque que la compañía tiene intención de tener en su mercado e influye directamente en la organización del departamento de ventas. El enfoque puede ser en uno o más mercados, servicios, segmentos, etc.

El Plan Estratégico también determina el cuándo, el dónde y el cómo la empresa va al mercado. También determina qué recursos se necesitan y cuales están disponibles en la empresa.

También establece los objetivos a corto, medio y largo plazo, orientando toda la estrategia comercial.

Pasos para la venta. La preparación

La hoja de datos del cliente (Formulario)

El formulario de cliente es la herramienta básica para comenzar la organización del trabajo del vendedor. Es la memoria del cliente que contiene los datos básicos de identificación, observaciones útiles, contactos, productos o servicios que fueron ofrecidos, el equipo asignado al cliente y las fechas de cada visita realizada y la frecuencia con la que se deben hacer.

El formulario de cliente debe ser llevado con el vendedor durante su trabajo de campo y también debe contener un espacio para notas acerca de cada visita, como algo prometido, por ejemplo.

El plan de 20 días

El tiempo es un recurso escaso y pese a ser incontrolable se puede administrar. La organización de visitas y el uso de fichas de clientes son cruciales para obtener la mayor productividad en el número de visitas que podemos hacer en un día, especialmente en las grandes ciudades.

El guión y la programación de las visitas deben hacerse teniendo en cuenta los objetivos de cada visita. Por lo tanto, tenemos que calcular cuánto tiempo necesitaremos para cada una de ellas. Recuerde: toda visita tiene que tener una meta u objetivo. La visita de rutina no existe. Si usted no tiene nada que hacer o que mostrar a un determinado cliente, no pierda su tiempo (o el suyo). Incluso si usted está pasando delante de su puerta, si no tiene nada que hacer allí, no pare, porque una visita, por más corta que pueda ser consumirá por lo menos 30 minutos de su valioso tiempo. Y el tiempo utilizado sin fines de venta o servicio de entrega es tiempo perdido.

El Plan de 20 días es la herramienta necesaria para una eficiente programación de las visitas. Se llena con la ayuda del formulario de atención al cliente, a partir de la frecuencia de visitas que cada cliente necesita, la fecha de la última visita y días de visita, y contiene una semana más para que nos ayude en la planificación para el siguiente mes. Dependiendo del tipo de producto y/o servicio vendido, puede hacer la planificación para cualquier período. Sin embargo, a partir del principio de que todos los clientes se deben visitar al menos una vez al mes, el plan de 4 semanas es el más utilizado.

Marque la visita

Siempre que sea posible marque sus visitas, programándolas por adelantado con su cliente ya que con el plan de 20 días preparado, ya sabe cuándo lo va a ver. Esto ahorra tiempo y el cliente lo recibirá en un momento propicio.

Información / Investigación / Materiales Necesarios

Prepárese con toda la información necesaria para su visita, obtenida por la investigación anterior, sobre todo si este es su primer contacto con el cliente. La búsqueda de información se puede hacer hasta con la recepcionista o el personal encargado de la seguridad. Si se trata de un lugar público basta una visita para saber quién contrató a tal o cual empleado, si estos utilizan uniforme y su nivel de servicio. Puede buscar problemas o discapacidades que pueden ser resueltos. Asegúrese de tomar datos, informes, contratos, fotografías, sugerencias, lo prometido en la anterior visita, etc.

Recuerde: Esta información debe estar en su hoja de datos de cliente.

Pasos para la venta. La Visita

¿Cómo debemos ir? Sin lugar a dudas bien vestido que no decir con lujo o exageraciones. Sólo con la ropa adecuada. Para las mujeres, un traje sobrio y sin escotes ni vestidos cortos, para los hombres camisa y pantalón de vestir. ¿Cómo saber cuál es la ropa más adecuada? La regla es simple. El cliente determina el nivel mínimo. Por ejemplo: si nuestro contacto viste con traje y corbata, así es como debemos vestirnos. Si usa ropa más informal, más liberal, ídem de ídem. Algo que debe estar claro es que no debemos ir demasiado informales como con ropa de deporte, pantalones vaqueros o camisetas.

Con buena apariencia, lo que no significa feo o hermoso. Significa estar bien afeitado, con el pelo limpio y peinado. Ropa limpia y zapatos pulidos. Camisa abrochada y no abierta en el pecho, como hemos visto muchas veces. Para las mujeres, las mismas reglas. Poco maquillaje, el pelo arreglado pero sin exagerar. El entorno dicta las normas.

Es importante que el teléfono móvil este en modo silencio o apagado y si suena, no lo atienda. Su atención debe estar dirigida sólo al cliente. Es la persona más importante en ese momento y no desea ver su atención desviada a otro cliente. Si usted está esperando una llamada importante, avise al cliente al comienzo de la reunión y sea muy breve al responder a la misma.

Llegue a tiempo. Siempre. Si no puede llegar a tiempo a la cita programada con el cliente llámelo antes de la hora programada y adviértaselo, marcando la cita para otro momento de día o buscando otra fecha. No permita que la mente del cliente pase a la parte negativa de la situación, lo que ocurrirá cuando se dé cuenta de que no llegó a tiempo. Llamando antes, usted se encuentra aún en el lado positivo, lo que hace que sea mucho más receptivo a sus disculpas por el retraso.

No coloque cosas sobre la mesa del cliente. Este es su territorio y a nadie le gusta que invadan su dominio. El maletín o bolso debe estar en su regazo o en el suelo, nunca en la mesa, creando una barrera más allá de la invasión del espacio de los demás. Si se lo permite o le invita a poner alguna cosa sobre la mesa haga espacio gentilmente, pidiendo permiso para hacerlo y sin tirar las cosas.

Aprenda el nombre correcto del cliente y repítalo muchas veces durante su presentación de ventas. La investigación muestra que a la mayoría de la gente le gusta oír su propio nombre. Si no está seguro pregunte a la secretaria. Esto debe ser parte de su proceso de investigación, como se explicó anteriormente.

Utilice la tarjeta de visita correctamente. No doble la punta, esto nunca fue nada práctico. Entréguela inmediatamente después de los saludos, siempre de cara al cliente, en la posición correcta, no al revés. Al entregarle el cliente la suya, no la guarde de cualquier modo. Póngala en la esquina de la mesa, frente a usted. Además de mostrar consideración, servirá como un recordatorio de su nombre. Nunca escriba en la tarjeta que acaba de recibir y si tiene que hacerlo pida licencia. Si hay más de una persona en la reunión, coloque las tarjetas en la secuencia en la que están en la mesa. Esto le ayudará a recordar los nombres de todos.

Los primeros minutos de contacto. El momento de la verdad

Algunos autores dicen que si no llama la atención de sus clientes en los primeros minutos de contacto ya no lo podrá conseguir. Por esta razón este momento se llama "El Momento de la Verdad". Es cuando usted necesita mantener la atención del cliente, creando interés por lo que va a hablar y la mejor manera de lograrlo es ofreciendo un beneficio inmediato. Por ejemplo: Señor Antonio, he venido aquí hoy para ofrecer un programa de limpieza que le ahorrará un 20% de tiempo y mano de obra.

El beneficio es la mejor manera de conseguir el interés del cliente. En su mente estará pensando "¿Qué puede hacer este hombre por mí y mi negocio?". Así que responda a su pregunta mental.

El propósito de la visita

Como ya hemos dicho, no hay visitas de rutina, por lo que debe comenzar su presentación informando de lo que estaba haciendo allí. Cuál es el propósito de su visita. Puede ser para ofrecer un nuevo servicio o producto; proporcionar servicios añadidos, etc. No olvide ofrecer siempre un beneficio.

Descubrir las necesidades del cliente

Este es un momento muy importante de nuestra visita, especialmente en las primeras. ¿Qué es lo que necesita el cliente? ¿Tiene algún problema que pueda resolver?

Comenzar resolviendo un problema le permite dar un gran paso hacia el cliente, ganarse su confianza casi de inmediato. Usted puede descubrir esto durante su anterior proceso de búsqueda o haciendo preguntas durante la entrevista. Pero recuerde, una vez que obtenga su atención y haga sus preguntas, ¡¡¡escuche las respuestas!!!

Por ejemplo:

- ¿Cuáles son sus problemas con...?

- ¿Quién es su proveedor de proveedor / prestador de servicio actual?

- ¿Qué es lo que el cliente piensa de su proveedor en

relación con los costes/resultados/servicios?

- ¿Qué es lo que le gustaría cambiar o cambiaría en relación con su sistema actual?

Comience con preguntas abiertas, como las indicadas anteriormente, y pase a continuación a preguntas cerradas, del tipo "sí o no", "esto o aquello", "2 o 3", etc.

Descubrir qué motiva al cliente

Durante nuestra presentación de ventas tenemos que averiguar qué aspecto motiva a nuestro cliente, llevándolo a cerrar el pedido o contrato. Esta característica de cada uno de nosotros tiene que ver con el valor que le damos a ciertos aspectos del servicio o producto. Entre los puntos que estimulan el cliente durante la entrevista, podemos destacar: coste, servicio, beneficio, tecnología, formación, seguridad, medio ambiente, etc.

La demostración

En las ventas técnicas de productos y servicios la demostración es una herramienta importante en la presentación de ventas. Contrariamente a lo que piensan muchos, esto es posible también en la venta de servicios. Por ejemplo, citando al futuro cliente para una visita a uno de nuestros clientes para que nos acompañe en la prestación de un servicio. Si tenemos diferentes equipos que ofrecer podemos incluso dejarlo probar alguna de las máquinas en caso de que sea posible.

En la venta de productos o equipos, el proceso es más concreto con la demostración del producto directamente en el cliente. De todos modos hay algunas reglas básicas.

- Esté preparado con las muestras necesarias, información, precios, boletines, etc. En el caso de equipos, pruébelos antes y asegúrese de que sabe manejarlos. En la prestación de servicios, marque la visita en su contrato por adelantado y notifique a su supervisor o administrador del contrato.

- Haga que el cliente participe. Después de usar un poco el equipo, páseselo al cliente para que lo pruebe. Si es un producto, deje que el cliente lo aplique. Si fuera una visita, deje que circule a través de las distintas áreas del contrato. Deje que hable con su cliente.

- Procure causar impacto durante la demostración o la visita. En el caso de un servicio de limpieza, limpie sólo una parte en el centro y deje el resto sucio para comparar. Haga que la prestación de servicio y la diferencia de contar o no con el mismo sea lo más obvia posible.

- Evite abstracciones como: alta calidad; excelentes resultados; mejor actuación. Estas declaraciones deben hacerse siempre en comparación con algo.

- Tenga cuidado con las comparaciones, sobre todo entre los competidores. Esto puede funcionar a la inversa si son acérrimos rivales. También hay que evitar las comparaciones con nuestros competidores. Sólo podemos decir: "Operamos un poco diferente..." o "Usamos la tecnología más moderna...", etc.

Manejo de Objeciones

Este es un momento delicado en nuestra presentación de ventas. Todos tenemos preguntas acerca de un producto o servicio que no sabemos. La diferencia entre una pregunta y una objeción es que la primera es sólo una manera de buscar resolver una duda o recibir información. La segunda es por lo general una negativa sobre lo que estamos presentando, representando en ese momento un obstáculo para nuestra venta.

Puede tener varios orígenes y le corresponde al vendedor experimentado descubrirlos.

La regla básica es estar preparado con toda la información posible sobre el servicio o producto y sus competidores. Otros consejos son:

- Anticiparse a las objeciones, respondiendo antes de que el cliente las manifieste. Si ya tenemos la experiencia de una presentación anterior, donde tuvimos una objeción particular, podemos eliminarla hablando de ella como si fuera parte de nuestra presentación. Esta es la mejor técnica para el manejo de una objeción.

- Siempre responder, interpretando la objeción como si fuera una pregunta. La objeción que usted no responde, enredando al cliente, su competidor puede hacerlo con consecuencias predecibles. Si no puede responderla en ese momento, dígale al cliente, que va a consultarlo, respondiéndole oportunamente y realmente haciéndole llegar la respuesta.

- Nunca se enfade o irrite.

- Escuche con atención, repitiendo la objeción como si estuviera confirmándola.

- Nunca discuta. Haga sugerencias y de información.

- Rebata las objeciones con beneficios.

- Descubra la verdadera objeción. Esto puede ser necesario cuando se dé cuenta de que las objeciones no son razonables, que denotan otra cosa. ¿Será que el cliente entendió todo bien? Si no es así, vuelva al punto en cuestión y reinicie su presentación de ventas.

A veces, la verdadera objeción puede ser otra, como la inseguridad, el miedo al cambio, miedo al fracaso, el proveedor actual es su pariente, etc.

- Transforme las objeciones en preguntas, enviándolas de vuelta al cliente: - Es muy caro. ¿Es caro comparado con qué?, etc.

El concepto de valor

Valor Agregado X Valor Percibido

Cada vez son más los autores que afirman la importancia del valor añadido al servicio o producto que vendemos. De hecho, el concepto de valor es uno de los factores más importantes para el éxito de una empresa. Un producto o servicio sin valor añadido es sólo uno de tantos otros, sin diferenciarse. Podemos agregar valor de varias maneras, desde la más creativa a la más tradicional. Proporcionar servicio al cliente es una de las más comunes hoy en día. El hecho de que el "dueño" esté presente durante el contrato es una manera de agregar valor al servicio.

Es importante saber que el concepto de valor no se forma en el producto o servicio. Se forma en la mente de las personas. Es la percepción que cada uno tiene del valor que un determinado bien o servicio tiene. Cuando escuchamos la frase "Es caro pero vale la pena", sabemos que ahí tenemos un buen concepto de valor percibido por el cliente.

Realmente no es caro porque vale la pena el beneficio que proporciona.

Un billete de $50.00 no cuesta más de $0,50 en su producción pero todos acreditamos que en realidad vale $50.00 porque este es el valor percibido en nuestras mentes. De hecho lo podemos intercambiar por bienes hasta este valor en cualquier parte del país. El Gobierno fue sin duda muy eficaz en convencernos de que ese es el verdadero valor de ese producto.

Este es nuestro desafío, convencer al cliente de que nuestro producto o servicio vale lo que estamos pidiendo por él. Es por eso que no hablamos del precio hasta aquí. El precio es una característica del producto o servicio por lo que debemos dejarlo en último lugar. Lo que importa es cuanto vale para nuestro cliente.

Si hemos llegado a este punto de nuestra presentación de ventas y nuestro cliente todavía lo encuentra caro es porque fallamos en nuestro objetivo de mostrar el valor de nuestro producto o servicio.

Estaremos añadiendo valor a nuestra empresa, sus productos y servicios cuando realmente estemos comprometidos con el éxito de nuestros clientes, cuando tengamos una empatía genuina con él, cuando seamos leales, cuando seamos capaces de innovar, huyendo de lo que es igual.

Lo contrario también puede suceder sin embargo. El peligro es ofrecer un producto/servicio de un valor que este no puede soportar, creando una expectativa que el mismo no puede atender. El mejor ejemplo viene de nuevo de Ford, que en 1956 lanzó el Ford Edsel, con tanta fanfarria y misterio que creó una gran expectativa sobre el coche durante meses y no se mostró hasta el último momento.

Cuando fue lanzado al público, en la televisión nacional, la gente acabó decepcionada al darse cuenta de que era sólo un coche y no una nave espacial o algo así. Para empeorar las cosas, la calidad del vehículo era mala y así no duró más de dos años en el mercado. Se añadió al producto más valor del que podía soportar.

Productos o servicios de alto valor percibido en un momento dado pueden con el tiempo sufrir una disminución en su valor e incluso desaparecer. Tomemos el ejemplo de los ordenadores, el modelo que es en este momento es el más deseado puede pasar a ser obsoleto al cabo de pocos meses, pasando a no valer absolutamente nada.

La facilidad de compra también puede hacer que el valor sufra un gran descenso.

El Cierre

Este es el momento en el que se materializa nuestro trabajo. También puede ser el momento donde lo podemos perder todo. Así que lo haremos con cuidado.

- Mantenga un lenguaje corporal relajado.

- Muestre entusiasmo y manténgase principalmente positivo.

- Inicie el cierre cuando se de cuenta de que el comprador muestra la opinión más entusiasta o un acuerdo más enfático, etc.

Tipos de cierre

Hay un enorme número de tipos y estilos de cierre. A continuación presentamos algunos de los más utilizados y conocidos.

El cierre de una prueba, una demostración o una visita. El más común en una primera visita de ventas técnicas. El objetivo es conseguir una oportunidad para mostrar nuestro producto o servicio.

El cierre "cuál de los dos". Es uno donde hacemos preguntas cuyas respuestas son siempre positivas para nosotros. Por ejemplo: ¿Vamos a hacer la visita el día ocho o el día diez? ¿Mandamos este o el otro? ¿Prefieren paquetes de 50 o 100 litros?

- El cierre activo. Es aquel donde rellenamos la orden/contrato a medida que hablamos.

- El cierre por inducción. Por ejemplo: Sr (a) ¿no necesita ganar tiempo y calidad en su servicio?

- El cierre por resumen. Volver atrás resumiendo todo lo que se ha dicho terminando con el contrato.

Algunos consejos más para el cierre son:

- Realizar el pedido. No se avergüence de hacerlo.

- Al cierre de una venta no siga hablando sobre el producto ya que puede abrir nuevas objeciones a su cliente. "Poner fin a la presentación con el pedido."

- Ate algo para la próxima visita. Por ejemplo: capacitación, asistencia técnica, etc.

El perfil del vendedor

"No basta con ser profesional - Tiene que parecer profesional".

Hace un tiempo tuvimos acceso a un material de formación para compradores de una gran cadena de supermercados y entre las diversos "joyas" que leímos una fue: Sirva un café frío; Divida su espíritu; Coja todo lo que pueda de él y luego pida más, etc. Dos frases llamaron nuestra atención:

- "Escape del vendedor profesional".

- "Escape del vendedor organizado".

- "Usted no va a conseguir nada de ellos."

Lo que un vendedor tiene que ser, tener o estar:

Esto son sus habilidades, sus conocimientos y su perfil.

- Preparado (Formación).

- Entusiasmo.

- Persistencia - Una estadística estadounidense muestra que para lograr una venta deben hacerse de media entre 4 y 9 intentos.

- Capacidad de Auto-Motivación.

- Hablar correctamente y en el momento adecuado, evitando vicios del lenguaje.

- Saber escuchar.

- Ser seguro y firme.

- Aprender acerca de su producto o servicio y creer en él. Nadie vende lo que no compra.

- Disfrutar con los desafíos.

- Actitud positiva.

- Ir bien vestido / Tener buena apariencia.

- Conocer las necesidades de su cliente.

- Proporcionar servicio / Hacer post-ventas. Él no abandona a su cliente.

- No promete lo que no puede mantener.

- Es pro-activo.

- Buscar siempre nuevas oportunidades de ventas en su cuenta.

- Ser leal. No vender lo que el cliente no necesita.

- Por encima de todo "estar comprometido con el éxito de sus clientes."

El Equipo y las Técnicas de Ventas

¿Cómo se monta un equipo de ventas?

La estructura del departamento de ventas de una empresa pequeña depende de los siguientes factores:

- Tamaño de la empresa;

- Producto o servicio que se comercializa;

- Especificaciones del producto o servicio;

- Nivel tecnológico del producto o servicio;

- La dispersión geográfica de los clientes actuales;

- Modelos de organización del equipo de ventas.

Al montar un equipo de ventas tiene que tener en cuenta los siguientes factores:

- **Geográficos**: distribuya los elementos de su equipo por las regiones más relevantes. Cada vendedor tiene una región y puede vender todos los productos de la compañía. Los vendedores llegan a conocer mejor a los clientes, creando una relación más estrecha y pudiendo manejar mejor los cambios. Sin embargo, con el tiempo, trabajar siempre en la misma zona puede provocar la saturación debido a que el profesional puede entrar en una rutina agotadora. Si la empresa tiene muchos productos o si requieren conocimientos técnicos, el vendedor puede salir perdiendo por no tener un conocimiento profundo de cada uno de ellos.

- **Productos**: cada vendedor es responsable de un producto o de un conjunto de productos de la compañía. En el caso de la comercialización de productos que requieren conocimientos técnicos específicos, los clientes tienen que ser bien informados y el vendedor no puede mostrar ignorancia sobre lo que está vendiendo. Esto obliga al vendedor a recorrer todo el país, o toda el área cubierta por la empresa, con el riesgo de causar saturación en los clientes que son visitados por varios vendedores de la misma firma. Por ello, se recomienda que haya un intercambio entre los vendedores y buena coordinación en la programación de visitas.

- **Tipo de cliente**: si la empresa tiene clientes diferenciados, que requieren diferentes enfoques por parte del departamento, los vendedores deben especializarse en las ramas de cada uno. Por ejemplo, puede tener personas que se limiten a los mayoristas y otros sólo para el sector minorista. Esta es una buena opción para prestar mayor atención a las necesidades de cada cliente. Pero si los clientes con características similares están muy dispersos en el país, el trabajo puede ser más complicado.

- **Sistema mixto**: si su empresa ha alcanzado una escala considerable, el empresario puede optar por la distribución compleja por región/producto, región/cliente o producto/cliente.

La organización no es todo. También es importante contar con la flexibilidad necesaria para mantener a los empleados motivados. El guión de visita debe ser estricto y es esencial analizar a fondo a cada cliente verificando las compras medias y la última compra de cada uno. La motivación del equipo de ventas tampoco se puede dejar de lado.

¿Cómo se estipulan objetivos de ventas?

La definición de objetivos se orienta para la toma de decisiones de empresa, manteniendo el foco en el negocio y evitando el derroche.

Las metas de venta siempre deben ser viables, es decir, deben ser alcanzables en condiciones normales de mercado. El equipo de ventas debe participar lo máximo posible del proceso de definición de los objetivos porque de esta manera estarán más comprometidos con los resultados.

El método utilizado para establecer objetivos individuales debe ser justo y transparente, evitando cualquier tipo de privilegio o discriminación entre los vendedores.

La empresa debe tratar de mantener un equilibrio entre las oportunidades que da y los objetivos de venta para cada vendedor. En otras palabras, los objetivos deben ser coherentes con la cartera, la región y segmento de mercado del vendedor.

Además de los objetivos cuantitativos para el volumen de ventas, ingresos, descuentos y gastos de ventas, otros parámetros cualitativos pueden, y deben, ser considerados, como la participación en formación, el número y la naturaleza de elogios y quejas, cancelación de pedidos, entre otros factores.

Estos volúmenes de ventas se dividen entre los vendedores de acuerdo al potencial de las carteras de clientes o de las regiones de operación. En el caso de ventas internas, las oportunidades tienden a ser más equilibradas y, así mismo, los objetivos individuales de los vendedores tienden a ser muy similares.

El establecimiento de objetivos de ventas parte de la facturación necesaria para lograr los resultados financieros deseados, traducidos en volúmenes unitarios de ventas de los diversos tipos de productos. Siempre hay que seguir una serie histórica, en el caso de un negocio existente, o estimaciones, en el caso de una empresa de nueva creación.

¿Cómo preparar el plan de visitas?

El guión de visita considera el potencial de los clientes y los costes de ventas. La empresa debe buscar la cobertura geográfica máxima al menor coste en combustible, pérdidas de tiempo, etc.

Para ello, es necesario el mapeo de los puntos a ser visitados. Analizar y definir el mejor itinerario del vendedor, es decir, que recorra la distancia más corta, atendiendo el mayor número de clientes en un mismo día.

Recuerde que la ruta de ventas, en la mayoría de los casos, coincide con la ruta de entregas. Esto ahorra en el itinerario de las entregas.

¿Cómo puedo motivar a mi personal de ventas?

A través de concursos y premios de acuerdo con el desempeño individual o de grupo.

Sin embargo, es esencial que la empresa proporcione las condiciones adecuadas para el desarrollo de las ventas.

Tanto el material de apoyo a las ventas como las condiciones ofrecidas para realizar la función, sobre todo la formación, capacitación y subsidios para la realización de cursos de interés en su área, deben ser adecuados.

La remuneración es clave para mantener al equipo motivado. La forma más recomendada es la combinación de un salario fijo, más las comisiones y premios. La cantidad final debe al menos estar al mismo nivel que lo ofrecido por el resto del sector.

¿Cómo buscar a los clientes?

La prospección de clientes es la iniciativa que el empresario debe tener para:

- Aumentar las ventas;

- Reemplazar los clientes que se perderán con el paso del tiempo.

Preguntas para determinar si un individuo es un cliente potencial
cualificado:

- El cliente potencial ¿tiene el dinero para comprar?

- El cliente potencial ¿tiene la autoridad para comprar?

- El cliente potencial ¿tiene el deseo de comprar?

- ¿Dónde encontrar clientes potenciales?

El empresario debe enumerar como punto de partida una de las posibles opciones sobre dónde encontrar clientes.

Métodos de prospección:

- **La prospección electrónica en Internet**, en la que el empresario puede navegar por sitios que pueden ser interesantes para su negocio. Existen varios directorios que pueden ser consultados tanto gratuitos como de pago.

- **Organizaciones y asociaciones**: todas las ramas de negocio tienen sus asociaciones;

- **Cursos**: participar en cualquiera de los cursos que se ofrecen en la actualidad, tales como clases de idiomas, informática, o cualquier otro, sobre todo si es dirigido a ejecutivos o altos cargos.

Mecanismos de búsqueda:

- **Prospección en frío**: basada sólo en el volumen de visitas realizadas.

- **Conferencias**: clubes, escuelas, organizaciones no gubernamentales y similares;

- **Páginas Amarillas** o cualquier otro listín empresarial que se maneje en el país en el que está interesado en operar;

- **Cliente Adecuado - cadena sin fin**: Después de una venta, el vendedor puede preguntar cómo llegar a los conocidos de los clientes que puedan estar interesados en el producto.

- **Clientes Huérfanos**: los vendedores cambian de trabajo y dejan a sus clientes y potenciales clientes a otros vendedores.

- **Asociaciones de Ventas**: organización de un grupo de vendedores en campos relacionados, pero no competidores, para reuniones quincenales de intercambio de información y consejos de prospección.

- **Listas de clientes potenciales**: una lista de quienes serían sus potenciales clientes, recopilar la información y usarla.

- **Convertirse en un experto**: publicar un artículo; convencer a un editor que usted es un experto en su campo. Si usted se convierte en uno, los clientes potenciales le consultarán cuando quieran comprar.

- **Ferias y exposiciones**: a menudo se presentan en ferias comerciales y otros tipos de eventos grupos de interés especial, un centro de influencia, que implica la reunión con personas dispuestas a cooperar, ayudando a encontrar clientes potenciales.

- **Correo Directo**: es una forma efectiva de comunicarse con las personas y las empresas.

- **Teléfono y telemarketing**: permite el contacto de persona a persona y la interacción entre el indicado y el visitante.

- **Observación**: el modo en que un vendedor puede encontrar clientes potenciales es ver lo que está sucediendo en su área de ventas.

- **Networking**: hacer y utilizar los contactos.

Directrices para la prospección:

Hay tres criterios para el desarrollo de los mejores métodos de prospección.

- Personalizar un método de prospección que se adapte a las necesidades de su empresa;

- Centrarse primero en los clientes de más altos potenciales;

- Siempre visitar de nuevo a clientes potenciales que no han comprado.

El ciclo de indicaciones:

Este tema presenta las formas en las que el empresario obtiene indicaciones de los clientes potenciales.

- La venta paralela de indicaciones;

- Vende el producto y pide al cliente que proporcione información;

- El secreto es preguntar adecuadamente;

- Entregar el producto: identificar el momento exacto en que el producto es importante para el cliente.

Servicio y seguimiento:

- Oportunidades continuadas para mantener el contacto con su cliente;

- Hacer amigos en la empresa del cliente potencial;

- Profesionalmente tratar la indicación.

Porque las señales no se producen:

- Objeciones de los clientes: ellos se pueden resistir cuando se les pide que proporcionen información;

- Miedo a desagradar a amigos y parientes;

- No quieren que sus amigos piensen que él está hablando acerca de ellos;

- Se puede creer en el producto pero no en el vendedor;

- Los temores a que el vendedor no pueda estar en la empresa en el futuro;

- No siente que sus referencias puedan servir para beneficiar a alguien siendo indicadas al vendedor.

La renuencia en la visita:

- No querer ponerse en contacto con un cliente potencial o un cliente.

Los errores de los vendedores:

- La renuencia a tocar: alrededor del 40% de las personas tienen algún grado de reticencia. No trate mal sus indicaciones.

Sin miedo a la prospección:

- El pre-enfoque: mencione el contacto personal;

- La presentación: fortalezca la relación, explique el programa de trabajo;

- Siempre sea creativo;

- La persistencia compensa.

Los beneficios de programar una entrevista:

- Asegura una audiencia con el comprador;

- Añade imagen profesional a un vendedor;

- Se trata de un gesto de respeto a un cliente potencial.

Entrevista telefónica:

- Planee, o escriba, lo que va a decir;

- Identifíquese con claridad;

- Vaya directamente al grano;

- De la información suficiente para estimular el interés;

- Sea persistente;

- Pida una entrevista personal;

- Exprese su solicitud de una entrevista como una pregunta.

Hacer la entrevista en persona:

- Crea en usted mismo;

- Hable y compórtese como si esperara lograr la venta;

- Visite a la persona adecuada en el momento adecuado;

- No pierda el tiempo esperando.

Recuerde: el uso del correo electrónico le ayuda a mantener contactos y clientes potenciales.

¿Cuáles son las mejores estrategias de negociación?

No hay una respuesta única y generalizada pero hay siete elementos clave en una negociación:

- **Comunicación**: usted no puede negociar sin una comunicación efectiva;

- **Relación entre las partes**: las negociaciones serán mejores si ambas partes acreditan que tratan de resolver una preocupación común y deben encontrar la manera de lidiar con sus diferencias;

- **Interés**: la gente tiene sus propios intereses en ciertas circunstancias. Así que tenemos que averiguar cuál es el verdadero interés de la otra parte. Para llegar a un acuerdo, hay que ofrecer algo para despertar el interés real de la otra, sin dañar nuestro propio interés;

- **Colocar opciones para posibles acuerdos**: si queremos tener un buen acuerdo, tendremos que conocer todas las posibilidades;

- **Encontrar maneras de convencer a la otra parte que está siendo tratada de manera justa**. ¿Cuál es el precio de mercado? ¿Cuál es el precio actual? La otra parte debe estar convencida de que es tratada con justicia;

- **¿Cuáles son mis opciones si no se llega a un acuerdo? ¿Podría hacer un trato con alguien más?**

- **Por último**, llegamos al compromiso con promesas prácticas y realistas de cada parte.

Sea firme y amable, sincero y convincente sin necesidad de utilizar la coerción. La gente no debe querer hablar todo el tiempo y necesita escuchar con interés. Presente los puntos de vista pero comprenda las preocupaciones de los demás. Esto es muy importante.

Sea creativo, produzca ideas nunca antes contempladas. Muestre que usted también es humano, no dejando que la otra parte haga el papel de tirano, se enfade y decida lo que será hecho. También debe estar preparado para decir que no. Y no admitir nunca que está desesperado para cerrar el trato. Por lo tanto, es muy importante conocer las opciones.

¿Cuáles son las mejores técnicas de aproximación al cliente?

El mercado siempre ha presentado un desafío enorme en cuanto a la gestión del servicio al cliente. Quien tiene negocios, tiene que estar expuesto continuamente, estando siempre en primera línea, recibiendo todos los tipos de presión posibles, tanto a nivel interno como en el mercado, léase clientes.

Quién tiene miedo de acercarse al cliente, debe encontrar la razón por la que esto ocurre, pudiendo remontarse a otros factores, tales como una experiencia poco gratificante o frustrante, que lo traumatizaron para llevar a cabo su actividad principal.

Estos temores, a menudo, contaminan el ambiente de ventas haciendo que estos profesionales pierdan toda la motivación para hacer frente al cliente.

Un factor importante es la motivación y la participación de la fuerza de trabajo de ventas dentro de una empresa. Con un mercado altamente competitivo, las empresas esperan que el vendedor tenga un alto grado de motivación e implicación con los problemas de la empresa y de sus clientes. El vendedor tiene que demostrar que realmente se preocupa por el cliente, ya que cuando se encuentra en frente de usted, en esos minutos mágicos, será la persona más importante del mundo.

Otro aspecto clave es la capacitación en ventas y su importancia, ya que si su empresa quiere mejorar su productividad en las ventas, la formación es una parte importante en el proceso.

En muchas situaciones, las empresas realmente quieren implementar mejoras y algunas terminan teniendo una experiencia agotadora cuando estos esfuerzos no alcanzan las metas que se fijan a sí mismos. Pero tiene que ser hecho, siempre.

Además de todo esto, los clientes vienen mostrando exigencias cada vez mayores, por lo que las empresas, y por lo tanto su personal, deben adoptar nuevas actitudes y nuevas formas de actuar lógicamente implicando nuevos enfoques para el cliente.

Por lo tanto, antes de iniciar un acercamiento al cliente, el vendedor debe entender cuál es el enfoque de la empresa en la que está trabajando, el perfil del cliente (grupo objetivo) a los que el proyecto está dirigido y cuáles son las necesidades reales que ese posible cliente espera ver atendidas por la empresa. A partir de ahí, deberá desarrollar sus propias maneras de tratar con este grupo específico de clientes, que aquí llamaremos "mercado".

Los enfoques más eficaces de abordar la apertura de una venta no se relacionan directamente con la propia venta en sí pues será mucho más eficaz estimular una conversación, actuando de la manera más amigable posible. Por ejemplo, ningún cliente debe ser consciente de que un vendedor se acerca demasiado físicamente, ya que puede parecer una invasión del espacio y cualquier toma de posición que muestre que usted se está "enfrentando" puede inhibir la transacción y disminuir las posibilidades de hacerlo.

Las formas más eficientes de enfoque no van directamente a la venta en sí y así estimulan una mejor conversación que, al parecer, será sin mayores pretensiones. Una forma interesante es tratar de encontrar un equilibrio entre el nivel de empleo que el vendedor demuestra al cliente y la disponibilidad suficiente para cumplir con ellos, responder preguntas y, finalmente, responder a sus preguntas.

Tenemos que fortalecer la relación. Tenemos muchas más oportunidades de poner en práctica esta forma de trabajar en la pequeña empresa, como por ejemplo, cuando el cliente entra en nuestro establecimiento y entonces podemos preguntar con tranquilidad, "a que debemos su visita a nuestro almacén hoy." Siempre debe mostrarse cordial y mostrar interés auténtico y genuino por el cliente. Debe dar la impresión de estar "siendo uno mismo", sin máscaras.

¿Cómo montar una base de clientes?

Idealmente podemos armar una base de datos utilizando las herramientas informáticas o podemos empezar a montar una base de datos de forma muy simple, montando los registros de clientes, por ejemplo. Pero la importancia fundamental de la creación de una base de datos es la gestión de la relación con sus clientes.

Lo más importante es valorizar el contenido de la información. El foco del trabajo está en tener disponibles los datos para la empresa y, además de eso, diferenciar sus clientes y mantener las relaciones de acuerdo con su importancia para la empresa.

El concepto que está detrás del desarrollo de una base de datos es entender que los clientes no son iguales. Podemos considerar las siguientes diferencias:

- Las diferentes etapas de la vida;

- Datos demográficos (sexo, edad, estado civil, religión, raza, etc.);

- Datos psicográficos (familia, el mismo nivel de educación, nivel de ingresos, que viven solas, hábitos de ocio, etc.);

- Datos transaccionales (abonados de periódicos, revistas, televisión por cable, la tarjeta de crédito utilizada, etc.);

- Diferentes comportamientos;

- Diferentes necesidades de los consumidores;

- Los diferentes hábitos de consumo;

Así que los diferentes clientes también generan diferentes rendimientos. Los clientes se merecen tratamientos diferentes. Lo importante es registrar la información y utilizarla siempre de acuerdo con las estrategias y objetivos de su empresa.

¿Cómo definir las funciones del vendedor?

Las funciones del vendedor se asignan de acuerdo con el mercado en el que opera la empresa y los objetivos de marketing de ella.

Considerándose todos los papeles que el vendedor irá a ocupar en la empresa. Las siguientes funciones tratan de agotar todas las posibilidades de los mismos.

Funciones de venta:

- Llevar a cabo visitas periódicas a los clientes;

- Vender la línea de productos;

- Introducir nuevos productos;

- Responder a las preguntas;

- Superar las objeciones;

- Controlar el stock de los clientes;

- Interpretar los productos para los clientes;

- Estimar el potencial del cliente;

- Estimar las necesidades del cliente;

- Explicar y defender las directrices de la empresa con respecto a los precios, condiciones de pago, crédito, cobro, plazos, sistemas de suministro y asistencia técnica;

- Obtener pedidos;

- Garantizar el cumplimiento de las cuotas.

Funciones de promoción:

Los vendedores también actúan como una continuación de las actividades de marketing de la empresa y podemos definir algunas funciones de marketing, de la siguiente manera:

- Descubrir y difundir el uso del producto;

- Hacer demostraciones de productos;

- Informar a los clientes acerca de las campañas publicitarias;

- Desarrollar a los clientes potenciales;

- Encontrar nuevos clientes;

- Distribuir catálogos, folletos, regalos y artículos de promoción;

- Supervisar el trabajo de los vendedores y de los intermediarios;

- La formación del personal de los intermediarios;

- Presentar a los clientes, datos e información sobre el mercado.

Funciones de Relaciones Públicas:

- El vendedor debe ser un vínculo con la comunidad:

- Mantener relaciones de amistad con los clientes;

- Difundir la imagen de la empresa;

- Recoger información sobre la imagen de la empresa;

- Representar a la empresa.

Funciones de prestación de servicios:

- El vendedor de los nuevos tiempos también actúa proporcionando servicios a los clientes;

- Instala el material de promoción;

- Averigua y reporta quejas;

- Proporciona las devoluciones y reembolsos;

- Ofrece descuentos y bonificaciones;

- Monitorea el flujo de pedidos;

- Proporciona las solicitudes de línea de crédito;

- Organiza las prioridades de entrega.

Funciones de cobertura territorial:

El equipo de ventas se divide entre otros criterios por el área de cobertura:

- Atención a su área geográfica;

- Asegurar su clientela;

- Preparar rutas de visita para una cobertura más eficiente;

- Distribuir sus esfuerzos de acuerdo a los clientes potenciales;

- Supervisión de la instalación de clientes potenciales;

- Comprobar el cambio o el cierre de los clientes.

Las funciones administrativas:

- Aunque el trabajo del vendedor es externo este también realiza algunas funciones administrativas;

- Planificación del trabajo diario;

- Organizar el trabajo de campo;

- Preparar informes;

- Analizar los clientes perdidos;

- Preparar una lista de clientes potenciales;

- Asistir a las reuniones y convenciones de ventas;

- Asistir a las sesiones de entrenamiento;

- Realizar cobros;

- Mantener actualizado y ordenado su material de ventas;

- Obtener información para abrir el crédito;

- Obtener información sobre la cancelación del crédito y de pedidos;

- Informar a la empresa sobre las actividades de los competidores en su territorio;

- Presentar la cuenta de gastos de las ventas;

- Mantener actualizado los archivos de los clientes;

- Preparar su kit, maletín, muestras y materiales accesorios para las ventas.

¿Cómo hacer una previsión de ventas?

Examine la serie histórica anual, una gran referencia en el proceso de previsión de ventas.

Considere qué aspectos externos pueden influir en la comercialización de los productos y servicios de la compañía, como el aumento o la reducción de los ingresos de la población objetivo, la tasa de cambio del dólar, las expectativas de crecimiento de la actividad económica, el escenario político, como las elecciones, la reducción o aumento el número de empleados en el mercado laboral, la entrada y salida de los competidores, la introducción de nuevos productos por los competidores, etc.

Además, la estacionalidad se debe tener en cuenta, recordando los acontecimientos con un período más largo que un año como las elecciones, la copa del mundo, las olimpiadas, fiestas locales, etc.

La Atención al Cliente

La calidad en el servicio es lo que marca la gran diferencia

La empresa que no tiene un nivel tecnológico adecuado en su negocio está en los puestos de atrás en la cola y esto podría significar estar muerto, es decir, fuera del mercado en un futuro muy próximo. La tecnología está homogeneizando todos los niveles hasta convertirlos en uno solo.

La calidad en el servicio y las relaciones con los clientes son el gran diferenciador. La clave ahora es la excelencia en los servicios.

Cómo prestar un servicio de calidad

El servicio de calidad es una obligación de todos los miembros de la empresa (desde el presidente hasta al puesto de menor nivel en la oficina). Cada momento de verdad que el cliente tiene con la empresa, ya sea en persona, por teléfono, correo electrónico, fax, etc., la empresa a través de sus representantes (empleados, ejecutivos) tiene que dar una impresión fantástica. ¿Cómo lograr esto? Hay muchas formas: la velocidad, la cortesía, el cuidado, la limpieza, las pequeñas gratificaciones, periódicos y revistas actualizados, la buena predisposición, es decir, se debe agradar a los clientes en cada momento a través de las actitudes de todos.

Ciclo de servicio

El ciclo de servicio es la reunión ordenada y secuenciada de todos los contactos experimentados por un cliente en una empresa. Por lo tanto, un solo contacto desastroso compromete todo el ciclo.

Lo importante es que esta preparación puede ir más allá, mucho más allá, del conocimiento de la empresa, de la industria y de la posición, como siempre. Entre otras cosas, todos, todos los miembros de cualquier Ciclo de servicio deben saber las dimensiones de la Calidad en el servicio y cada uno de ellos debe dominar aquellas que le dan más respeto.

Satisfacción del cliente

El cliente es el verdadero y único juez de la calidad en el servicio. Y el juicio de la calidad de un servicio recibido depende de la expectativa y de la percepción personal de cada cliente. La satisfacción del cliente es una relación entre lo que el vio (percibió) y lo que él esperaba ver (expectativa).

La satisfacción del cliente es directamente proporcional a su percepción, es decir, cuanto mayor es la percepción mayor será la satisfacción del cliente.

La satisfacción del cliente es inversamente proporcional a su expectativa, es decir, cuanto más altas son las expectativas mayor es la posibilidad de que el cliente quede insatisfecho o frustrado.

Fidelidad

Hoy en día no sólo es importante atraer a los clientes sino también mantenerlos en la empresa, hacer que vuelvan a menudo para hacer negocios. Eso es la fidelización.

Empleabilidad

Habrá cada vez menos espacio dentro de las empresas competitivas para los profesionales que no tengan una estrategia personal para relacionarse con el cliente de una manera extraordinaria. Así cautivar al cliente con un "fantástico servicio" es una estrategia inteligente para asegurar su "espacio" en la empresa.

"Los clientes pueden despedir a todos los miembros de una empresa, desde el máximo ejecutivo hacia abajo, simplemente gastando su dinero en otro lugar."

Como encantar al cliente

Un proceso de calidad total consolidado minimiza la posibilidad de que una empresa desilusione al cliente al tiempo que maximiza la posibilidad de satisfacerlo. Por lo tanto, se preparará el terreno para el desarrollo del proceso de encantamiento al cliente.

El proceso de encantamiento es dinámico, nunca se detiene. La palabra "encantar" está estrechamente relacionada con las palabras "sorprendente" e "inesperado". La empresa que busca encantar al cliente es inquieta, creativa, sobresale en todo momento: su objetivo es avanzar siempre.

Los principios de una buena promesa

Antes de prometer alguna cosa al cliente, ya sea una respuesta, un período, una solución a su problema, la reparación de un producto, etc., sea lo que fuere asegúrese de que:

Está seguro de lo que está prometiendo.

- ¿Puede prometer eso?

- ¿Cuál es la verdadera razón de esa promesa? ¿Es para librarse momentáneamente del cliente? ¿La empresa puede cumplir con lo prometido?

- ¿Tiene autoridad para prometer eso? O ¿Tiene que consultar con su jefe o superior?

- ¿De quién depende el cumplimiento de esa promesa? ¿De qué sectores? ¿De qué personas? ¿Estos sectores o personas están preparados para cumplir lo prometido?

- ¿Estos sectores o personas son notificados de estas acciones?

- ¿Están de acuerdo con lo prometido al cliente?

- ¿Está escrito en alguna parte? ¿De quién es responsabilidad? ¿Hay alguna regla/norma sobre el tema?

Características de la calidad en el servicio

- **Empatía** - La capacidad de ponerse en el lugar del otro;

- **Competencia** - Capacidad y preparación técnica para realizar la función;

- **Confiabilidad** - Capacidad de transmitir confianza al cliente;

- **Capacidad de respuesta** - Pronto-servicio y velocidad de respuesta.

Actitudes: activas, reactivas y proactivas

- **Activas** - se deben practicar cada vez que un profesional está atendiendo a un cliente.

- **Reactivas** - sólo se practican si están desencadenadas por el cliente. Es la respuesta a una acción realizada por el cliente.

- **Proactivas** – se ponen en práctica cuando hay una oportunidad o es conveniente aplicarlas.

Consejos para una buena comunicación con el cliente

1. Concéntrese (sea 100% atención);

2. No interrumpa al cliente. Deje que hable;

3. Preste atención a los detalles;

4. Señale periódicamente con un "comprendo", "sí, señor (a)." Esté y demuestre que usted está atento;

5. Incluso si el cliente cambia el "tono" y el "volumen" de su voz, usted no puede hacer lo mismo;

6. Identifique el tipo de personalidad del cliente (serio o desenfadado, alegre o triste, apresurado o lento) y, a partir de un perfil rápido, trate de sintonizar con él;

7. Sea didáctico. ¿El cliente no lo entendió? Encuentre otra manera de explicarlo;

8. Muéstrese humilde. Si el cliente no conoce información básica, explíquela. Tenga cuidado de no ser arrogante;

9. Sea paciente;

10. Simplifique el mensaje al máximo;

11. Utilice el vocabulario adecuado, nada de palabras inusuales;

12. Asegúrese de que el cliente recibió/entendió el mensaje;

13. Practique y demuestre al comunicarse las 13 Actitudes activas en el servicio al cliente sobre todo la empatía. Ponerse en los zapatos del cliente es esencial para lograr una buena comunicación.

Los secretos para calmar a un cliente enojado

1. Escuche con atención y con interés.

2. Muestre empatía, póngase en el lugar del cliente.

3. Haga preguntas de una manera madura, no amenazante, que requieran que el cliente reflexione las respuestas.

4. Repita, retribuya al cliente su percepción sobre el problema de él, entonces sugiera una o más alternativas para responder a sus preocupaciones.

5. Discúlpese sin hacer censuras.

6. Resuelva el problema, identifique soluciones que satisfagan al cliente o encuentre a alguien que pueda hacerlo.

Equilibrio emocional

En una época en que el mantenimiento de una excelente relación con el cliente es un requisito previo para el éxito, tener un alto coeficiente de IE (Inteligencia Emocional) es muy importante para todos los profesionales, especialmente los que trabajan directamente en el servicio a los clientes.

"Cuanto más ansioso sea el cliente mejor deberá ser usted: competente, confiado, tranquilo y con la situación bajo control." Chip Bell

¿Errores? ¿Problemas? ¿Quejas? ¿Nerviosismo? ¿Clientes groseros? En estos momentos delicados el profesional que está dando servicio al cliente se somete a una prueba de fuego.

Es fácil ser educado con quienes lo son.

Es fácil ser amable con quienes lo son.

Es fácil ser amistoso con quienes lo son.

Pero, ¿con quién no es así? ¿Con quién es estúpido, grosero, llora o habla en voz alta? ¿Cómo ser amable, mostrar buenos modales y ser considerado?

Este es el principal requisito de un servicio profesional: tener un alto grado de inteligencia emocional. Usted ejercitará mejor su inteligencia emocional a medida que: sea paciente y comprensivo con el cliente.

- Tenga una creciente capacidad para separar los asuntos personales de los problemas de la empresa;

- Entienda que el foco de la "furia" del cliente no es usted sino la empresa. Usted sólo está allí como una especie de "pararrayos";

- No haga un pre-juzgamiento de los clientes;

- Entienda que cada cliente es diferente de otro, que él tiene sus expectativas y necesidades particulares, por lo tanto, diferentes;

- Entienda que para usted el problema presentado por el cliente es uno de docenas de otros mientras que para el cliente el problema es único, es su problema;

- Entienda que su trabajo es este: atender lo mejor posible. Para eso, debe adquirir una capacidad elástica para soportar "ofensas", "desagravios" e "insultos";

- Entienda que usted y la empresa dependen del cliente, no él de usted;

- Entienda que de la calidad de su reacción dependerá el futuro de la relación del cliente con la empresa.

La regla de oro para ejercer la inteligencia emocional en momentos delicados de servicio al cliente es: responda con inteligencia incluso a un tratamiento no inteligente.

Un profesional que trabaja en el servicio de atención a los clientes y no entiende esta regla de oro no está habilitado para realizar esta función.

Los 12 pasos para una atención telefónica perfecta al cliente

1. Atienda al primer sonido;

2. Salude enfáticamente. Diga el nombre de la empresa. Salude al cliente. Dé su nombre y colóquese a disposición;

3. El tono de voz es tan importante en la atención telefónica como la postura del cuerpo es importante en la atención personal. Si el cuerpo habla, la voz también habla y dice mucho al cliente. Por el tono de voz del cliente se da cuenta de la sinceridad, la buena voluntad, la disposición, la bondad, etc.;

4. Colóquese a disposición del cliente, muéstrese de

ayuda;

5. Escuche con atención, anote los puntos principales proporcionados por el cliente;

6. Sea empático. Imagínese a usted mismo como si fuera el cliente. Póngase en sus zapatos;

7. Asegúrese de que usted entiende todo. De lo contrario, pregunte con gentileza para recopilar la información;

8. Informe con claridad y objetividad de lo que sea relevante para la atención al cliente;
9. Sea ágil en la solución, en el servicio;

9. Asegúrese de que el cliente entiende, concuerda y está satisfecho;

10. Pregunte en que más podría ayudarle. No escatime esfuerzos para ofrecer algo más;

11. Diga adiós calurosamente. Ratificando su disponibilidad. Invite al cliente a volver, a hacer una visita. Agradezca la llamada. Utilice la palabra mágica "gracias". Desee un buen negocio y/o un buen día para el cliente.

Las Técnicas de Ventas

La neurolingüística es el estudio de la interacción entre el lenguaje que usamos para comunicarnos con la gente, ya sea de forma verbal o no verbal, y nuestro cerebro.

NEURO	LINGÜÍSTICA
Se refiere al cerebro y al sistema nervioso y neurológico, a través del cual la información que se recibe se procesa a través de los cinco sentidos: visual, auditivo, táctil, olfativo y gustativo.	Se refiere al lenguaje y a los sistemas de comunicación verbal y no verbal, a través de los cuales las representaciones neuronales están codificadas y clasificadas, dan sentido y se expresan. Incluyen: sonidos, imágenes, sabores, sensaciones/sentimientos, olores, palabras, etc.

Aplicación de la neurolingüística

Cuando el cliente quiere comprar algo, comunicar algo o entender algo, construirá una representación mental del producto/servicio u objeto deseado. El trabajo del profesional no sólo es entender el diseño mental del cliente, sino también algunas veces ayudar a enriquecer estas representaciones internas de su mapa, con más alternativas y opciones.

La neurolingüística es una herramienta importante para que nosotros podamos seguir patrones de lenguaje verbal y no verbal de los clientes, creando un alto nivel de identificación y mejora de la experiencia de la empatía.

Nuestro cerebro codifica y registra en sus archivos todas las percepciones captadas. La clasificación de estas percepciones es a través de tres sistemas de representación: visual, auditivo y sinestésico.

- **VISUAL** - cuando la percepción es capturada a través de los ojos por imágenes, formas, colores, luces, belleza, tamaño, etc.

- **AUDITIVO** - cuando la percepción es capturada por los oídos a través de sonidos, palabras, tonos, conversaciones, rumores, etc.

- **SINESTÉSICO** - cuando la información llega a nuestro cerebro a través de los sentimientos y las sensaciones del tacto, el olfato, el gusto o en términos de acciones.

Consejos para vender bien y mejor

- Diariamente colóquese delante del espejo y haga una evaluación de cómo es su apariencia personal.

- Elimine cualquier tipo de tristeza pues la tristeza no paga las deudas.

- Sea práctico y objetivo en sus respuestas y en la demostración del producto.

- Trate de entender que los clientes son cada vez más pobres de tiempo y paciencia. Pero continúan siendo ricos en necesidades y dinero.

- Haga que el cliente crea en usted lo que le hará tener muchas más ventas.

- Tenga en cuenta que su objetivo principal es la satisfacción del cliente.

- Recuerde que la fe mueve montañas, el entusiasmo lleva a todos al éxito que genera más motivación y más y más éxito.

Técnica de la comparación

El vendedor también debe hacer hincapié en la consiguiente desventaja que un producto de mala calidad puede causar en términos de rendimiento, facilidad de uso, economía, belleza y seguridad. Por ejemplo: un neumático de cuatro capas cuesta menos que uno de seis pero no puede ofrecer la misma seguridad. Llame la atención del cliente a estos detalles que pueden ser decisivos para cerrar la venta. Un pequeño agujero en el casco de un trasatlántico lo puede llevar al fondo del mar.

Técnica del argumento firme

Saber bien lo que está vendiendo, creer en lo que está

vendiendo, creer en lo que está haciendo, confiar en uno mismo, ser entusiasta y gustar lo que se está haciendo son grandes ingredientes para alcanzar la parte superior de la Pirámide del Éxito.

Técnica para cerrar ventas

Si quiere vender más y mejor...

Convencer a alguien ya sea para venderle algo o simplemente persuadirlo requiere habilidad y tacto. La misma idea puede realizarse de varias maneras.

Cómo encantar a los clientes.

- Reciba al cliente con los brazos abiertos, con mucho entusiasmo;

- Esboce una hermosa sonrisa al recibir al cliente, él va a quedar satisfecho con ello;

- Sea amable, alegre y llame al cliente por su nombre;

- Evite contestador que no sabe o con expresión indiferente;

- Demuestre un gran interés en servir al cliente;

- Mantenga el buen humor, incluso si el cliente tiene cara de aburrido;

- Recuerde: mientras sonríes nunca serás pobre.

VENDERÁ MENOS SI DICE:	VENDERÁ MÁS SI DICE:
Le voy a probar que nuestro producto es mejor…	Me gustaría mostrarle porque nuestro producto es mejor…
Si el producto se rompe, no funciona o tiene algún defecto…	Tenemos una asistencia técnica altamente eficaz y organizada…
El precio puede ser algo alto pero la calidad es alta…	El precio es adecuado y la calidad alta…
Entonces ¿va a comprar el azul o el amarillo?	Entonces ¿quiere comprar el azul?
Nuestro producto es mucho mejor que el de la competencia ó Nuestra competencia no tiene…	El producto vendido por la competencia es bueno pero nuestro producto se vende con ciertas ventajas importantes…
¿Sólo esto? ¿No quiere nada más?	¿Sabe que contamos con una serie de camisas que combinan a la perfección con el pantalón que ha adquirido? Se las

	puedo mostrar sin compromiso alguno...
Este otro modelo es más claro y...	Este otro modelo tiene más calidad y ventajas que...
Si tiene un accidente este casco le protegerá...	En caso de haber un imprevisto este casco le protegerá...
Lleve este, acabará ganando...	Con la compra de este producto está haciendo una inversión y no un gasto...
Cada mes deberá pagar...	Su inversión mensual será en torno a...
No quiere pasar y ver nuestra ropa...	Tenemos una colección de ropa hecha a medida para usted...

Siete maneras de cerrar una venta

- Mantenga un registro de sus ventas del mes;

- Esté preparado para responder a las objeciones fuertes;

- Crea en usted mismo, en el producto/servicio y en su empresa;

- Antes de visitar o recibir a sus clientes organícese;

- Mantenga la calma delante de clientes exigentes o confusos;

- Manténgase optimista, incluso en un tropiezo;

- Nunca pierda la fe, sean cuales sean las circunstancias.

Siete maneras de perder una venta

- Hablar demasiado y no dejar hablar a los clientes;

- Vestirse mal;

- No saber escuchar al cliente;

- Presentarse de forma descuidada o de forma prematura;

- Distraerse cuando el cliente está hablando;

- Falta de organización (lista de precios, catálogos, etc.).

- Falta de sinceridad en el enfoque.

El cliente es el "animal" más infiel del mundo

Ninguna conquista es definitiva incluyendo, especialmente, la de un cliente. Al principio en una relación se suele dar un enamoramiento o noviazgo eterno (una relación en la que se busca sorprender siempre, con atención plena, llena de encantamiento) y después con el tiempo llega el matrimonio (o "unión", si se quiere).

En esta fase suele comenzar un proceso de relajación progresiva. Con el cliente ocurre lo mismo: una vez conquistado, se comete el error de relajarse. Y ahí radica el peligro.

".... Que sea infinito mientras dure..." - Vinicius de Morais

¡Motivación!

La motivación es algo que nace dentro de cada uno en base a lo que le rodea. Si no puede motivar a las personas que no quieren, al menos puede crear las condiciones para que esto ocurra. Con la motivación adecuada (reconocimiento y recompensa) usted puede tener el mejor equipo de ventas que hay. Basta con conocer la forma de reconocer y recompensar. Vamos a enumerar algunas fases por las cuales las personas pueden estar pasando y por las cuales están motivadas.

El reconocimiento es el gran impulso de la motivación. Hacer que los trabajadores se sientan reconocidos y valorados es una de las mejores maneras de generar motivación.

Motivación: el combustible del éxito

El éxito no es un asunto de confrontación con los demás. Es el aprovechamiento al máximo de la capacidad de uno. El éxito es personal. Para el jugador de tenis el éxito es ganar el trofeo en Wimbledon. Para el Gobierno el éxito es conseguir una inflación del 4% anual. Es usted quien va a decidir lo que es el éxito para usted.

El éxito es algo progresivo. No es algo que se gana de una vez. Es algo que debe ser conquistado. Es un conjunto de pequeñas cosas que en conjunto forman el éxito. Usted puede incluso tener múltiples fallos dentro de un plan exitoso. Es importante entender estas cosas porque su motivación es del tamaño de su concepto de éxito.

No nos solemos preparar para el éxito personal porque nos enseñaron que el éxito es lograr los objetivos de los demás, los de otras personas. Pero si la motivación es la razón que lleva a la acción, entonces, nadie motiva a nadie.

No existe motivación de la persona en sí automotivada por la persona. Motivación es descubrir mis razones que me llevarán a mis resultados. Motivación soy yo alcanzando mis objetivos, no los de otro. Otros no me pueden motivar, si bien me pueden estimular. O me pueden inspirar. La estimulación viene desde el exterior al interior. La motivación surge de dentro hacia afuera. La base de la motivación es el mundo de los motivos.

Telemarketing con Call Center

La comunicación a través del teléfono tiene las siguientes características:

- Herramienta de trabajo: la voz y el oído

- Descartados los recursos visuales

- Valoración de los recursos verbales

- Equilibrio emocional

- Estabilidad laboral

Post Venta

Nadie es más fácil de convencer a hacer una nueva compra que un cliente satisfecho y cualificado. El buen profesional de ventas administra sus clientes tan bien como administra sus ventas.

Cosas que debe evitar decir

Por lo general, por ignorancia, los profesionales dicen cosas por teléfono que dejan a los clientes una imagen negativa de él o de la empresa. A continuación citamos algunas de estas declaraciones que deben ser evitadas.

1. Perdone señor, se encuentra todavía en el almuerzo.

    a. La palabra clave "todavía" implica gastar

mucho tiempo.

2. No sé en dónde está. ¿Quiere darme su teléfono y tan pronto como llegue le transmito el mensaje?

   a. Lo correcto es pedir el número de teléfono y no el teléfono. En este momento no puede contestar. ¿Le digo que le llame luego? (funcionará).

3. En este momento está resolviendo un gran problema con un cliente. ¿Quiere dejarle un mensaje?

   a. Pida disculpas por no poder ponerle en contacto con la persona solicitada y pregunte si desea dejar un mensaje o si puede ayudarle usted.

4. Está en la consulta del médico;

   a. Lo correcto sería indicar: Él está fuera realizando una gestión. ¿Puedo ayudarle?

5. Se fue a su casa más temprano hoy;

   a. Los clientes se ponen furiosos con esta respuesta. Necesitan ayuda y encontrar que la persona que puede ayudarle se fue a casa temprano los enfadará. Trate está información como personal y no la comparta.

Tratamiento al teléfono

La persona que telefonea puede o no ser sensible con respecto a la forma de tratamiento que usted utiliza para dirigirse a ella. Para evitar problemas tenga en cuenta las siguientes sugerencias:

1. Al abordar a un hombre siempre será correcto el uso de "señor".

2. Dirigirse a una mujer es más complicado. El uso de señora o señorita es generalmente aceptable. Sobre todo señorita está cayendo en desuso en las relaciones de negocios. Esta opción sólo se debe utilizar cuando se trata con una persona joven y soltera. Si tiene duda simplemente pregunte a la persona cuál es su preferencia.

3. Cuando se pregunta cómo dirigirse o tratar al cliente, la persona generalmente sugiere el uso del nombre de pila. En este caso, el uso del nombre del cliente es aceptable.

También puede ser aceptable (pero no siempre) cuando:

1. Se estableció una buena relación durante un determinado período de tiempo.

2. El cliente lo ha tratado a usted por el nombre de pila en primer lugar.

3. Conoce a la persona a la que está llamando y usted sabe que no le importa que se dirija a ella por su primer nombre.

Técnicas de persuasión

Vender es convencer a alguien a creer en aquello en lo que el vendedor cree. Para convencer a un cliente de que tiene una solución a sus problemas el vendedor debe:

- Creer en su producto, su empresa y en su solución.

- Identificar y localizar el problema de su cliente.

- Los ojos, la voz, etc. deben reflejar una actitud sincera.

Para convencer al cliente de que su oferta puede solucionar sus problemas, el vendedor puede utilizar dos tipos de métodos:

- **Racional** - presentaciones lógicas utilizando el razonamiento y la lógica.

- **Emocional** - el comprador cree emocionalmente que la empresa del vendedor puede resolver sus problemas.

Enfoque del cliente

¿Qué objetivos de la etapa abordan al cliente?

El cliente es conquistado a través de las ventajas del producto, de la confianza en el vendedor y la actitud del vendedor. En esta etapa, el vendedor debe:

- Tratar crear un ambiente agradable de simpatía,

confianza y amabilidad.

- Analizar el cliente en relación con el potencial de compra, intereses y actitudes.

Recomendaciones generales:

- Al abordar el cliente recuerde que la primera impresión es la que queda.

- Actuar con educación e inteligencia en busca de ser útil.

- Salude al cliente diciendo su nombre. Recuerde que "el propio nombre es la música más dulce que podemos oír."

Argumentos

¿Cuál es el propósito de la etapa de argumentación?

Es transformar el interés del cliente en deseo de compra pues sólo despertar el interés no es garantía de éxito de la venta. Proporcionar pruebas, tratar de anticiparse a las preguntas de los clientes y a las respuestas por adelantado.

- Obtener información antes de proporcionarla. Descubra los problemas o necesidades no satisfechas.

- No utilice una lista de beneficios. Utilice la lista para crear preguntas que determinan si esos beneficios son realmente de valor para el cliente.

- Haga una pregunta de cada vez.

- Después de hacer una pregunta quédese callado. Resista la tentación de tratar de responderla si no recibe de inmediato la respuesta. No se deje intimidar por el silencio.

Probablemente su cliente está pensando en qué decir.

- Tenga confianza en sus preguntas.

- Sepa siempre a dónde lo llevará la conversación después de la respuesta, independientemente de la misma.

- Califique el problema siempre que sea posible.

Ejemplo: "¿Con qué frecuencia sucede esto?" "¿Cuánto tiempo le lleva?"

- Resista la tentación de empezar su presentación antes de tiempo. Muchos vendedores se apresuran cuando escuchan una pequeña señal de oportunidad e inician rápidamente la presentación de los beneficios. Mantenga su presentación, haga más preguntas, obtenga más información y sólo entonces comience su presentación.

Superando las objeciones

- Perciba lo que el cliente está queriendo decir. Por más absurda que pueda parecer una objeción esta siempre es lógica y válida para él. Así que acéptela.

- Nunca entre en confrontación con el cliente. La objeción es sólo un obstáculo. Establezca empatía: argumente y suavice.

- Recuerde: la objeción es la forma más común de mantener el diálogo por lo que mantenga la calma: pregunte.

- Sea firme en las conclusiones y no se quede callado al final de cada respuesta que el cliente da. Confróntelo.

- Vaya directamente a la pregunta señalada sin dar rodeos o busque más beneficios que ofrecer. Conseguir un pedido significa solicitarlo de modo a lograr una conclusión favorable. El cierre.

El cierre

- Tenga siempre disposición para cerrar.

- De oportunidad al cliente de participar en la conversación.

- Pida al cliente opiniones.

- No haga discursos.

- Haga preguntas alternativas.

- Anticipe el momento.

- No espere a que el cliente haga solicitudes.

- Resuma y concluya.

Conceptos Básicos de Telemarketing

Es una de las ramas de marketing directo y, básicamente, podemos definir que el telemarketing son los contactos mercadológicos de una empresa con su público a través del canal telefónico.

En otras palabras, hacer telemarketing significa utilizar el teléfono como un canal de propaganda o como herramienta de ventas y para que esto produzca los mejores resultados es indispensable un programa eficaz, un planteamiento de su utilización, la selección pública que se abordará, creación de mensajes y establecer objetivos a alcanzar.

¿Cuáles son las ventajas de telemarketing?

Restringe los costes si la lista de clientes no está pre-seleccionada o calificada. Por ejemplo, llame a los consumidores basados en una guía telefónica.

Telemarketing activo y receptivo

¿Qué es telemarketing activo?

Es cuando la empresa, a partir de un registro, establece contactos con sus clientes con diferentes objetivos (promoción, investigación, ventas directas, etc.). Es más complejo que el telemarketing receptivo.

Características:

1. Requiere un registro del público objetivo.

2. Necesita de un script o guión más complejo.

3. Si se combina con la publicidad y el correo directo puede tener una tasa de retorno alta.

4. Se requiere mucha habilidad del operador.

5. No hay vehículo visual.

6. El cliente está predispuesto a no comprar.

Ventajas:

- Velocidad.

- Gran penetración.

- Selectividad.

- La baja inversión.

- Fácil control y gestión.

¿Qué es el telemarketing receptivo?

Es cuando la iniciativa de los contactos parte de los clientes mientras que la compañía espera las conexiones y las atiende.

Características:

1. Genera un registro de grupos de interés.

2. Un canal abierto donde el público entra en contacto.

3. Requiere conocimientos sobre el producto y el

servicio.

4. El operador utiliza un guión sencillo.

5. Por lo general, es un apoyo a la fuerza de ventas, venta directa, entrada de pedidos, llamadas a los clientes.

Recomendaciones para el telemarketing receptivo o entrante.

1. Conteste la llamada en el primer toque (causa una gran impresión al interlocutor)

2. No se limite a decir "Hola". Si el teléfono es directo diga "Buenos días, el nombre de su empresa y su propio nombre."

3. Nunca pregunte el nombre del cliente antes de decir el suyo. Identifique el cliente y trátelo cortésmente usando señor o señora.

4. Elabore un documento con las "preguntas y respuestas frecuentes".

5. Elabore un documento con los "beneficios del producto o servicio."

6. Elabore un documento con las "objeciones" por lo general de todos sus clientes y la respuesta correcta.

7. Las llamadas entrantes se deben atender según técnicas del telemarketing para mejor uso de las llamadas.

8. Agilice las operaciones para que no se produzcan abandonos por retraso de servicios o la congestión de los equipos.

9. Utilice la facilidad de línea desde cualquier lugar del país. Este servicio fomenta contactos sin coste alguno para el cliente.

Diferencias de los tipos de telemarketing

RECEPTIVO	ACTIVOS
El cliente llama a la compañía.	La empresa llama al cliente.
Genera registro en los contactos.	Requiere registro para las llamadas.
Requiere una hoja de ruta para el abordaje.	Requiere guión.
Público pide la llamada.	Operador comanda.
Picos de demandas estacionales.	Más objeciones que perspectivas.
Menos objeciones de los clientes.	Más objeciones de los clientes.

Mayor conocimiento del producto por el operador.	Mayor conocimiento de las técnicas por el operador.
Equipos y estructura adecuados a la demanda.	Apto para el tamaño del esfuerzo de ventas.

Aplicaciones de telemarketing

RECEPTIVO	ACTIVOS
Servicios 0800.	Investigación.
Servicios 0900.	Acciones de posventa.
Procedimientos de pedidos.	Devolución de información-llamada como procesamientos de pedidos.
Servicios a clientes.	Administración de clientes.
Reactivación de clientes.	
Cobro.	Atención al consumidor.
Recuperación de falta de	Promociones.

productos.	Ventas.
Retorno de reclamaciones.	Cambio de productos.
Complemento de pedidos/cargas.	Atención a las reclamaciones
Post venda.	Atención a las sugerencias de clientes
Divulgación de promociones.	Retorno de encuestas.
Realización de investigación.	Informaciones diversas.
Informaciones diversas.	

El operador de telemarketing

¿Cuáles son los requisitos de un operador de telemarketing?

El profesional de ventas que se dedica a su profesión con celo será un ganador y nunca va a encontrar dificultades en su vida profesional. Cuanto más eficiente, mayores serán sus ingresos.

Los profesionales de ventas deben tener las siguientes cualidades:

- Enseñanza media completa;

- Capacidad para trabajar en telemarketing activo y receptivo;

- Hombre o mujer, varias edades (la actuación depende del producto y del cliente).

- Vestir adecuadamente y encargarse de su higiene personal;

- Buen tono de voz;

- Buena comunicación

- Equilibrio emocional;

- Gramática adecuada;

- Buena postura;

- Atención y sensibilidad para escuchar;

- Actitud positiva y entusiasmo;

- Ser paciente;

- Bien humorado;

- Profesional;

- Con deseos de aprender;

- Trabajar bajo presión y con múltiples tareas simultáneas;

- Conocer los conflictos y problemas a resolver;

- Controlar su tiempo con eficacia;

- Conseguir empatía con los clientes;

- Saber usar el teléfono;

- Saber trabajar en equipo;

- Tener habilidades para las ventas;

- Tener autodisciplina - Capacidad para utilizar el tiempo y los recursos para lograr los objetivos;

- Tener auto-refuerzo - Capacidad para reunir energías para lograr los objetivos;

- Saber mantener el foco - Mantener un sentido de dirección para los objetivos de los obstáculos;

- Ser flexible - Se ajusta a las modificaciones de planes y a diferentes tipos de clientes y nuevas situaciones;

- Ser perseverante - Trabaja (a pesar de los obstáculos) con compromiso, fuerza y agilidad.

Lenguaje de marketing

- **Dicción**: es la pronunciación de las palabras correctamente. Se presenta con frecuencia inadecuada por deficiencia, por negligencia o por la forma de pronunciar.

- **Vocabulario**: debe ser correcto y simple. Debemos evitar términos que los clientes desconocen, como por ejemplo, términos técnicos. Se considera vocabulario ideal el que se relaciona con el nivel sociocultural del cliente, aumentando así su capacidad para comunicarse con él.

- **Vicios del lenguaje**: se consideran como defectos importantes y deben evitarse siempre.

- **Distorsión del lenguaje**: palabras que generan interpretaciones confusas provocan distorsiones. Para mantener una comunicación clara es necesaria la atención en el uso de las palabras, evitando prolijidad, puntuación inadecuada, siglas, argot, etc.

Superada la idea de que el telemarketing no es sólo venta directa nos quedamos con el reto de probar los otros usos a los que se presta.

El Software de un Call Center

El software de un centro de atención al cliente contiene tres módulos básicos. El primero trata de la información de los procesos de ventas; el segundo está compuesto de funcionalidades para el manejo de las quejas de los clientes y el tercero es responsable de responder a las necesidades de soporte de información tanto en el nivel de informes de rendimiento como, en función de la estructura de los servicios al cliente, de informaciones más refinadas sobre productos (características técnicas y usos), información sobre la empresa, el mercado y la competencia, servicios de asistencia técnica, etc.

Estos tres módulos se adaptan y se desarrollan de acuerdo con las aplicaciones de telemarketing. Si usted quiere realizar ventas por teléfono, el módulo de reclamaciones puede no ser interesante. Pero es esencial cuando hay una línea 0800 y esta se difunde a través de los medios de comunicación que promueve el centro de atención al cliente como un nuevo canal de comunicación con el cliente. En el procesamiento de pedidos, por lo tanto, el módulo de macroproceso de ventas es meramente figurativo, activándose solamente el registro del módulo cuando, de nuevo, las acciones de telemarketing son sólo para investigación de mercado.

Símbolo del call center

Hacer que su central de atención al cliente sea conocida es el próximo desafío. Los símbolos comienzan a invadir el mercado y ya se han convertido en una marca, un icono mundial, utilizado para hacer publicidad de los centros de servicio, también llamados de Servicio al Cliente, Centro de llamadas del Cliente, Servicio al Consumidor, Servicio de Atención al Cliente, sonidos diferentes para el mismo concepto.

Basta con mirar a los envases de los alimentos o de cualquier lata de bebida y podrá localizar el símbolo de servicio al consumidor, llamada gratis.

El uso de diversos medios de comunicación asociados con el telemarketing impulsan el mercado de venta directa.

Las líneas de teléfono que empiezan con 0800 o 800, 0900 o 900 se ven en embalajes, vallas publicitarias, correspondencia comercial y contratos, en folletos, en las páginas amarillas, correo directo, catálogos de venta por correo, anuncios en los periódicos, en televisión está especialmente diseñado para estructurar la venta directa. Surgen en el mercado con intensidad y formas creativas y diferentes. Anuncian una nueva forma de venta o un nuevo canal de comunicación con el consumidor que responde a las necesidades de más exclusividad, menos tiempo para ir de compras, menos disposición a salir de casa. Con un teléfono a mano y el número de la tarjeta de crédito, los productos adquiridos serán entregados por correo o por empresas de transporte a la dirección indicada.

El Marketing

Cuando reflexionamos sobre el significado de la palabra MARKETING solemos pensar en: publicidad, promoción, ventas, etc.

Estas palabras ayudan a definir la primera parte de la definición del marketing:

MARKETING es conquistar CLIENTES.

Después del final de la Segunda Guerra Mundial, la comercialización apareció en un momento en que era suficiente producir algo para que fuera vendido.

La empresa producía un producto, hacía propaganda, ponía en marcha la producción y lo vendía. La empresa (producto) era el centro y los consumidores eran quienes iban detrás del producto.

Durante más de treinta años, el mundo aceptó que el marketing era ganar clientes.

Con la recuperación de la industria europea, la tecnología avanzada de la industria japonesa y la aparición de los tigres asiáticos, las ventas se hicieron más difíciles. Aún así, las áreas de ventas de las empresas siempre trataron de ganar nuevos clientes. Las empresas se daban cuenta de que era cada vez más difícil vender. Esto cambió las reglas de juego.

Los clientes tradicionales comenzaron a experimentar con nuevos proveedores y los lazos comerciales viejos comenzaron a deshacerse. Todo el mundo tenía que implantar la revolución de la calidad y la productividad. Hoy en día palabras como calidad y productividad son escuchadas en cualquier situación. Es el requisito del momento básicamente.

El enfoque de hoy ya no es la empresa (producto) sino el consumidor que tiene la posibilidad de elegir un producto de calidad.

Marketing y Telemarketing

Podemos definir el telemarketing como una herramienta utilizada para apoyar las actividades de marketing.

El propósito del marketing y del telemarketing es atraer, retener, ganar, mantener a los clientes.

Los programas de fidelización tienen al telemarketing como protagonista, ya que juega un papel importante en la escucha de las opiniones y deseos de los clientes.

Por lo que podemos concluir que todas las acciones de marketing de hoy se centran en el logro de la lealtad del cliente. Y a través del telemarketing conseguimos que el cliente se sienta especial, importante y beneficiado con un servicio bien hecho.

Marketing de base de datos y el mailing list (lista de correo)

Marketing de base de datos (Database Marketing): surgió en los años 80 en los EEUU. Utiliza el potencial de la tecnología informática moderna para desarrollar una comunicación personalizada con el consumidor a través de listas de clientes, información organizada sobre el perfil de estos clientes. (Hábitos, intereses, estilo, historia de la relación con la empresa, etc.) - MARKETING ONE - A - ONE.

Maililing List: es el conjunto de nombres con números de teléfono, direcciones y datos adicionales de clientes leales o con potencial. Es necesario trabajar con un servicio de mailing cualificado y adecuado al perfil de la campaña (público objetivo) para garantizar el éxito del telemarketing activo.

El marketing relacional

DEFINICIÓN: Consiste en el proceso de practicar y profundizar las relaciones con los clientes en busca de su conquista, retención, lealtad y asociación.

El uso de marketing relacional se convirtió en acción obligatoria en las campañas de marketing que tienen como objetivo aumentar la eficacia y eficiencia de sus empresas.

¿CÓMO EVALUAR SU VOZ AL TELÉFONO?

Su voz es su personalidad al teléfono y puede proyectar diversos tipos de impresión: gentil, distante, confiado, tímido, espontáneo, mecánico, nervioso, etc.

- **Tono** – Expresa sentimientos y emociones. En una conversación normal, el tono de su voz tiene variaciones. Estas variaciones se denominan inflexión. El mayor uso de inflexión hace más interesante su tono de voz. Recuerde, cuando estamos bajo una fuerte emoción, el tono de la voz tiende a aumentar y a convertirse en chillona y forzada. Cuidado. El nivel de voz indica falta de confianza.

- **Volumen** - Compruebe el volumen de su voz. Pídale a un colega ayuda. ¿Su voz es demasiado baja o demasiado alta? Por lo general, cuando la gente está cansada o molesta la voz tiende a disminuir y las otras personas le pedirán que trate de hablar más alto. Hable lo suficientemente fuerte para ser escuchado pero no tan alto que parezca forzado. Velocidad - si habla muy despacio a las personas que llaman estas no prestarán atención a lo que dice. Si usted habla demasiado rápido el interlocutor no va a entender lo que le está diciendo. En ambos casos, no será escuchado ni comprendido el mensaje.

- **Calidad** - La calidad de la voz es la característica más importante e individual. Sonreír mientras habla mejora su calidad de voz. Estar enojado, molesto o con prisa afecta negativamente a la calidad de su voz.

- **Articulación de la voz** - pronuncie claramente sus palabras o su interlocutor no le entenderá. Una pronunciación incorrecta pasa a la otra parte la impresión de falta de conocimiento o descuido.

El vendedor debe darse cuenta de la etapa en la que el cliente se encuentra y ayudarlo a moverse poco a poco a la siguiente etapa hasta el cierre de la venta.

La técnica de utilización de preguntas

El buen vendedor sabe que para lograr resultados deben ofrecer soluciones a los clientes. Un buen vendedor no es uno que dice mucho acerca de sus productos sino el que hace más preguntas para conocer lo que necesita o interesa al cliente. Mediante el uso de la técnica de preguntas el vendedor tiene tres objetivos principales:

1. Identificar las necesidades, deseos y la naturaleza exacta de los problemas del cliente.

2. Identificar el interés del cliente (producto, servicio o señal de compra).

3. Fomentar el diálogo.

Técnica de presentación de beneficios

¿Cuál es la diferencia entre las características de un producto y sus beneficios?

Una característica es la descripción de un producto o servicio.

El beneficio es la satisfacción que el cliente obtendrá, es decir, lo que el cliente quiere y que le dará una razón para comprar. Muchos vendedores que conocen las características de los productos asumen que el cliente también reconocerá los beneficios.

Técnica para cultivar clientes entusiasmados

¿Cuál es la importancia de un cliente entusiasta?

Los clientes entusiasmados con el producto de la empresa son una de las mejores fuentes de referencia para conquistar clientes nuevos.

¿Cómo conseguir clientes entusiastas?

Para hacer a un cliente entusiasta partiendo de un cliente satisfecho debe proporcionar más de lo que el cliente espera. Esto crea entusiasmo y un clima de lealtad y más ventas. Algunos consejos para conseguirlo:

- Mantenga contacto regular con su cliente.

- Sea un amigo.

- Resuelva inmediatamente las quejas.

- Pida referencias de clientes potenciales para usted.

- Deje que el cliente lo vea como un consultor.

- Compruebe siempre las necesidades del cliente.

Técnica para recuperar un cliente perdido

Conteste las siguientes preguntas:

- ¿Qué puedo hacer para recuperar el cliente?

- ¿Qué debo hacer para evitar la pérdida de otros clientes por las mismas razones?

El Telemarketing

El teléfono fue patentado por el escocés Alexander Graham Bell en 1876. A principios del siglo XX, su invención se volvió hacia el uso comercial y varias ciudades comenzaron a interconectarse a través de ese medio. Con el desarrollo tecnológico, el uso del teléfono se extendió por el mundo para convertirse en la actualidad en el medio de comunicación más rápido y eficiente, que une ciudades y países al instante.

El comienzo de la utilización comercial de la telefonía tuvo lugar en los EEUU en los años 40, cuando algunas empresas descubrieron que podían acelerar el cobro de sus títulos a través del teléfono, lo que aumentaba su liquidez. Después del amplio uso del teléfono en el área de cobros, tuvo lugar la primera experiencia en el área de marketing, a través de una encuesta para saber cuándo las familias de la ciudad de Dearborn (Michigan / EEUU) querían cambiar de coche. La encuesta fue encargada por Ford y el éxito fue tan grande que permitió la planificación para cumplir con los deseos de esta población

Alrededor de los años 60 se descubrió también su alto impacto debido a la posibilidad del retorno directo de un mensaje y, desde entonces, ha sido ampliamente utilizado en las áreas de ventas.

Con el alto coste de las ventas directas y la descentralización de los grandes centros comerciales, cada vez más empresas han buscado otros medios y técnicas para vender sus productos. El año 1973 marcó el inicio de los anuncios telefónicos. Los anuncios evidenciaron el teléfono como un medio de respuesta a la compra de productos, para motivar el desarrollo de una "lista de correo", fortalecer la imagen del anunciante y la imagen corporativa de la empresa, además de buscar la venta de los productos anunciados.

El Concepto de Telemarketing

Muchas veces se ha intentado definir el concepto de telemarketing. Sin embargo, se puede decir que no es una tarea fácil teniendo en cuenta todas las dinámicas del proceso. Así, el concepto que parece ser más apropiado para reflejar este dinamismo viene a ser el siguiente:

"Telemarketing es la utilización planeada del teléfono como forma de obtener beneficios directos o indirectos a través de la satisfacción de los consumidores del mercado de cualquier producto o servicio".

Del propio concepto se pueden poner de relieve algunos aspectos para la reflexión:

- Utilización planeada

- Beneficio directo o indirecto

- Satisfacción del consumidor

- Producto o servicio

Ventajas Clave del Telemarketing

Reducir los costes de venta mediante la sustitución de visitas costosas por contactos a través del teléfono de mucho menor coste para ciertos productos y ciertas cuentas.

Generar nuevos negocios en áreas no cubiertas por los equipos de ventas con productos que no justifican las visitas de personas.

Mejorar el servicio al cliente a través de un contacto más frecuente a través del teléfono.

Dinamizar el resultado de la publicidad, clasificando por teléfono las solicitudes generadas por los espacios de publicidad impresa o por correo, para garantizar la continuidad de las perspectivas más prometedoras.

Promover el conocimiento de su empresa y sus productos a través de un contacto más frecuente con sus clientes.

Reaccionar más rápidamente a la competencia usando el teléfono para el dominio general de sus clientes.

Reactivar cuentas inactivas.

Ahorrar tiempo de ventas en la calle, usando el telemarketing para buscar y clasificar a los clientes.

Rentabilidad en el mercado marginal.

Mayor número de entrevistas de ventas en comparación con la venta directa.

Gran capacidad de medición.

Cobertura de mercado de forma controlada con la posibilidad de superar objeciones de manera planificada.

Otros Usos del Telemarketing

Apoyar al Correo Directo

El uso del teléfono como medio de respuesta para la elaboración de un registro de compradores o para resaltar las principales ventajas de un mismo producto. Para más información sobre nuevos productos o para confirmar que el cliente realmente recibió el correo directo, como fuerza de motivación de ventas.

Apoyar la Imagen de la Empresa

El uso del teléfono como formador de opinión sobre la imagen de la empresa. Principalmente tiene como objetivo proporcionar servicios de orientación, opinión o sugerencia acerca de productos y servicios sin propósito directo de la venta. Los usuarios que necesitan información más detallada sobre el uso del producto pueden obtenerla a través de telemarketing, evitando de este modo que el producto sea utilizado incorrectamente.

Substitución de los Medios Convencionales

El uso del teléfono como un nuevo medio alternativo proporciona un logro más específico del mercado a un menor coste por mensaje o como medios impresos o electrónicos, que es una forma de comunicación con el mercado.

Substitución del Correo Directo

El uso del teléfono como herramienta para el cierre de la venta, obtención del pedido, después de las ventas, seguimiento de la venta o venta cruzada de más de un producto. Es más fácil para la gente telefonear que llenar un cupón y enviarlo. Otro elemento importante es la objetividad de las repuestas a las preguntas formuladas por el cliente, enriqueciendo la información sobre el producto y/o servicio que puede ayudarle en su decisión de compra.

Venta por Teléfono

Tomar pedidos u ofrecer productos y servicios con el uso planeado del teléfono, venta "activa" o "pasiva".

La venta activa, se caracteriza por el contacto del vendedor con el cliente, permitiendo economía de tiempo y dinero, teniendo en cuenta que el vendedor no tiene que moverse para ofrecer su producto o servicio.

La venta pasiva, se produce cuando el cliente busca al vendedor. Los resultados positivos realizando las ventas se ven facilitados porque los clientes sólo telefonean cuando tienen interés en el producto. En este caso, un buen argumento del vendedor hace la venta.

Tanto en la forma "activa" como en la "pasiva" la venta por teléfono tiene una serie de ventajas:

- La infraestructura es siempre la misma: el vendedor con su material de referencia y el teléfono.

- Rápido y dinámico, lo que permite un mayor número de contactos durante el tiempo de trabajo.

- Baja inversión para la implementación del sistema de venta por teléfono.

- Bajos costes de funcionamiento.

- El vendedor puede obtener una respuesta inmediata, actuando cuando el cliente potencial está con la idea fresca en su mente y el deseo de compra es mayor.

Soporte a la Fuerza de Ventas

El uso del teléfono para la cobertura de mercado, para motivar entrevistas de ventas, para confirmar las solicitudes y agilizar la entrega del producto o servicio comercializado, atender a las filiales de producto o servicio comercializado o para que los vendedores efectúen el cobro, la confirmación de nuevos pedidos o incluso guiar al cliente con la asistencia que necesite.

Servicio a la Comunidad

El uso del teléfono con el fin de informar al público sobre el uso de los servicios ofrecidos a la comunidad tales como: ruta del autobús, farmacias de guardia y otros, así como orientación sobre los procedimientos para prevenir enfermedades y formas de contagio, campañas vacunación y centros de servicio, etc.

¿Cuáles son los Beneficios del Telemarketing?

Tasa de Penetración

Las experiencias exitosas han demostrado que con el uso planeado del teléfono se promueven hasta 30 veces más contactos en comparación con otros medios convencionales.

Cobertura de Bajo Control

Selección de segmentos específicos de mercado para promover la investigación, pruebas, confirmar entrevistas, prestar servicios, utilizando una forma de acercarse tanto a nivel local como regional.

Capacidad de Medición Inmediata

Permite el control de resultados obtenidos de las llamadas telefónicas hechas o recibidas, productividad del operador, coste por llamada y, en el caso de ventas, el coste de las ventas realizadas.

Comodidad para el Comprador

La compra por teléfono evita desplazamientos, pérdida de tiempo por parte del comprador, haciendo su realización simple.

La comodidad para el comprador es un punto que debe ser fortalecido en cualquier situación que planea la utilización de marketing telefónico.

COMUNICACIÓN INTERACTIVA

Hace posible vencer objeciones de forma planeada sin que el cliente lo perciba. El uso de un "script" o guión durante el contacto por teléfono es de vital importancia para el éxito empresarial.

Coste Operativo Menor que el de la Venta Personal

Algunos negocios para ser llevados a buen término requieren visitas regulares por parte del vendedor. Casi siempre el coste de estas visitas es demasiado alto para los resultados que se obtiene en la concretización de los mismos por lo que es necesario controlar el coste de la pre-venta. Una buena propuesta es intercalar las visitas personales con llamadas telefónicas, asegurando la continuidad en la atención al cliente.

Reglas para el Uso del Telemarketing

Información Inmediata

- **Artículo I** - En todos los contactos de telemarketing, el (la) operador (a) debe informar el nombre de quien está haciendo el contacto y su objetivo principal. Nadie debe hacer ofertas o solicitudes enmascaradas en forma cursos promocionales o concursos, cuando la verdadera intención es vender productos o servicios o incluso obtener donaciones.

- **Artículo II** - Todas las ofertas deben ser claras, honestas y completas, de modo que la persona que llame conozca la naturaleza de lo que se le ofrece y el compromiso que hace en la realización de un pedido. Antes de hacer una oferta, las empresas involucradas deben estar preparadas para mostrar las supuestas ventajas u ofertas realizadas. Nunca deben usarse afirmaciones que sean falsas, engañosas, ilusorias o despreciativas de los productos de los competidores. Todos los documentos que confirman las transacciones negociadas a través del teléfono deben contener información que permita al consumidor ponerse en contacto con la empresa responsable para obtener información adicional, presentar quejas o incluso devolver el producto adquirido. La divulgación de un número de teléfono para el servicio de contacto requiere de la implementación de una infraestructura mínima que permita dar servicio a la demanda estimulada.

- **Artículo III** - Antes de conseguir el compromiso de compra por parte del cliente, las empresas de telemarketing deben informar del precio completo de los productos o servicios, el plazo de entrega, las condiciones o plazos de pago y la existencia de cualquier gasto extra, tales como fletes, impuestos o manipulación de pedido, sin camuflar los costes con el fin de facilitar las ventas.

Compromiso de Entrega

- **Artículo IX** - Las empresas que utilizan telemarketing para la venta de sus productos deben ser capaces de enviarlos en el período preestablecido, cuando estos se pagan por adelantado, siempre deben informar del plazo de entrega del producto. Si no se cumple este plazo, debe estar asegurada la posibilidad de no recibir o devolver la mercancía por parte de los consumidores.

Cumplimiento de las Condiciones de Venta

- **Artículo X** - Todas las condiciones y beneficios anunciados por teléfono para efectuar la venta de cualquier producto o servicio deben respetarse estrictamente en lo que respecta a los precios, formas y condiciones de pago, plazos y garantías.

Comunicación como Proceso

En las relaciones humanas estamos todo el tiempo hablando, gesticulando o haciéndole mímica a nuestro interlocutor, en resumen establecemos comunicación.

La comunicación es un proceso mediante el cual una idea o conjunto de ideas se transmiten y son comprendidas.

Estilos de Comunicación

- **COMUNICACIÓN VERBAL** - El mensaje se transmite por medio de palabras, son las órdenes, aplicaciones, conversaciones, comunicaciones telefónicas.

- **COMUNICACIÓN ESCRITA** - cartas, telegramas, notas, libros, periódicos, revistas, etc.

- **COMUNICACIÓN NO VERBAL** - expresiones faciales, miradas, mímica, etc.

- **COMUNICACIÓN CORPORAL** - nuestra postura o actitud corporal también transmite un mensaje. Por ejemplo, una postura encorvada da la idea de la fatiga, una postura erguida transmite fuerza y decisión.

Los Elementos de la Comunicación

La venta es un proceso para persuadir al cliente con el fin de llevarlo a comprar un producto o servicio. En la venta por teléfono, como no hay contacto personal, la fuerza es la persuasión.

- **EMISOR** = es el que da la idea, la sensación, creencia o conocimiento, quien hace la llamada.

- **RECEPTOR** = es el que recibe la llamada. El que recibe la idea, orden, opinión o conocimiento.

- **MENSAJE** = es la orden, la sensación, el conocimiento que exprime su contenido (de lo que habla).

- **CÓDIGO** = es cómo es transmitida la idea.

- **MEDIO** = es el procedimiento que se utiliza para transmitir el mensaje. Es el sistema de transmisión.

Obstáculos en el Proceso de Comunicación

- Obstáculos a nivel del emisor

  - Falta de claridad en el concepto de mensaje

  - Falta de objetividad

  - Voz agresiva o abrupta

  - Voluntad de imponer ideas propias

  - Prejuicios con la voz

  - Actitudes precipitadas

  - Idioma muy técnico o argot

  - No considerar al status del cliente

- Obstáculos a nivel del receptor

  - Imposibilidad de entendimiento

  - Falta de cultura

  - Dificultad de audición

  - Ruido

Saber Escuchar

En la comunicación es muy importante el "feed-back". Es muy importante "comprobar" si la persona con la que hablamos está comprendiendo lo que decimos.

Y si lo está entendiendo correctamente sin ningún error.

En la comunicación también es fundamental saber escuchar.

Mucho cuidado con la selectividad. Es decir, sólo escuchar lo que le interesa y así escuchar la mitad, el buen oyente no está esperando pasivamente sino que es aquel que percibe, retiene, absorbe, analiza y juzga las palabras del interlocutor.

Siga el siguiente modelo: antes de hablar, reconstruya, reestructure la idea hasta que el dueño de la idea asienta con la cabeza confirmando lo que usted dice.

Saber Hablar

Cuando se habla personalmente hay cosas combinadas con las palabras que indican la dirección del mensaje tales como: modulación de la voz, las pausas, ritmo, velocidad, etc. Tales indicadores son muy útiles para la comunicación a distancia sobre todo en la comunicación telefónica. Algunos problemas que surgen en la comunicación son: no prestar atención, perder el punto más importante, dejar a sus sentidos interferir.

El Comportamiento al Teléfono

- **Acierte con el tono**: hable con un tono de voz apropiado suficiente para que la persona escuche sin que usted necesite repetir palabras. Sostenga el teléfono correctamente, esto le permite hablar correctamente.

- **Procure hablar pausadamente**: hablar muy rápido puede causar malentendidos y crear desconfianza. Hable de forma pausada, sin prisas. También evite hablar demasiado lento, puede hacer que se sienta aburrido. Usted debe hablar en el ritmo del cliente. Hay personas que son dinámicas y reaccionan rápidamente, otras son lentas. Hablando conforme la percepción de ellas, usted será mejor entendido. Tras las primeras palabras intercambiadas, usted puede saber el ritmo del cliente.

- **Varíe el tono de voz**: a la gente le gusta hablar con gente, no con máquinas. A través de diversas entonaciones, las personas pueden transmitir diferentes emociones al ser escuchadas.

- **Procure tener buena dicción**: para ser bien comprendidos es necesario tener una buena dicción y hablar con voz clara y expresiva. Cuando este hablando evite colocar en la boca objetos tales como lápices, palillos de dientes, cigarrillos, etc.

- **Use las palabras correctas**: trate de evitar el uso de abreviaturas, códigos o términos relacionados con la estructura interna de su empresa; no utilice términos técnicos con el cliente.

- **Anote todo lo que fue dicho**: en el contacto con el cliente procure registrar todos los datos que pueden componer un documento. Así que anote: el nombre del cliente, teléfono, dirección y otros elementos de importancia para el negocio que se está tratando. Haga una síntesis y repítalo para el cliente y asegúrese de que todo está correcto.

Cuidados de su Voz

Hablar demasiado y de forma continua puede causar algunos problemas a la voz.

También hay otras situaciones en las que se observan cambios en la voz.

Por ejemplo:

Si usted estuviera	Su voz sonará
Resfriado/a	Nasal
Nervioso/a	Gutural
Irritado/a	Áspera, contraída
Triste y deprimido/a	Monótona, sin vibración
Preocupado/a	Las silabas se atropellan
Intranquilo/a	Alta y rápida
Con dolor de garganta	Gutural
Asustado/a y emocionado/a	Nerviosa

Cuando fuera a hablar bastante tome agua u otro líquido. Nunca debe ser demasiado caliente o frío porque irritan la garganta causando problemas a la voz.

Tenga en cuenta que cuando alguien va a dar una conferencia o un discurso, o un profesor da charlas largas, por lo general se pone agua sobre la mesa.

Es bueno saber que el auto-entrenamiento de la voz con la recitación de poesía o la entonación de canciones aumenta la resistencia de la voz permitiéndole hablar más tiempo sin que se irrite su garganta o se produzca tos.

Cuidado con el Vocabulario

PALABRAS CON ASPECTOS POSITIVOS			
CONFIABILIDAD	EMPATIA	EN EL PRESENTE	POSITIVAS
Tengo la certeza que.........	Entiendo su problema	Quiero.............	Mejorar
Acredito que..............	Comprendo sus	Puedo	Solucionar

dificultades............			
Se que	Lo que el Sr. quiere decir es	Deseo	**Optimo**
Puedo afirmar		Haré eso.......................	**Excelent e**
			Aument o / Lucro
			Aument ar / Crecer

PALABRAS CON ASPECTOS NEGATIVOS

INTIMIDAD ES	DUDAS	NEGATIVAS	GIROS REPETICIONES
Querido (a).....	Encuentro que.......	Gastos	No ? / Está ? / Sabe ?
Mi amor.......	Pienso que.........	Jamás / Imposible	Viene ya?
Un beso........	Puede ser que	No lo se	Hablo
Cariño	Quien sabe........	Problemas	Oí ...

**Talvez
podría**

**Prejuicio /
atraso**

Habilidades para el Telemarketing

Beneficios Siempre

Pregunte a cualquier profesional del segmento de las ventas lo que es necesario para lograr buenos resultados y usted oirá:

- Conocer lo que se vende. El conocimiento de lo que vende es la receta para tener éxito en ventas. Pero ¿qué conocer del producto? ¿Decenas de códigos, números, datos técnicos? ¿Conocer los detalles de la producción? ¿Cómo funciona?

Uno de los fundamentos del arte de vender es todavía desconocido para muchos vendedores: hay que vender beneficios. Durante más de 50 años los "expertos" en ventas han estado hablando acerca de los beneficios, lo único que las personas compran y que los vendedores venden.

Presentamos a continuación los cinco principios a ser transformados en beneficios.

Principio 1

Las personas compran lo que hace el producto y no lo el producto es.

De nada ayudan los detalles del producto/servicio, las

especificaciones técnicas de lo que hace, el estado y los detalles que sólo describen el producto/servicio si el vendedor no entiende que lo que realmente importa es lo que hace el producto: ventajas y beneficios que aporta al cliente. Al final, esto es lo que realmente importa: *lo que su producto hace y no lo que es.*

Observe como los comerciales de éxito hablan poco sobre especificaciones técnicas.

Principio 2

Véndase los beneficios en primer lugar a usted mismo.

El mayor "beneficio" que un vendedor puede hacer para sí mismo es "comprar" los beneficios del producto o servicio que vende. "Vaya a fondo" en la búsqueda de lo que vende. Piense en todo lo que su producto/servicio puede representar para el cliente.

Principio 3

El mayor interés de un cliente es saber lo que gana con el producto.

Toda decisión de compra es una evaluación en términos de coste/ beneficio. Por lo tanto, el cliente/comprador siempre está pensando en las ventajas que tendrá comprando o no lo que le ofrece. Los beneficios de su producto/servicio deben responder a la pregunta que está en la cabeza del cliente: ¿Qué gano yo con eso? Podría ser más fácil si el vendedor se pone los zapatos del cliente y piensa como si fuera uno.

Principio 4

Clientes diferentes, beneficios diferentes.

El mismo producto o servicio es percibido de manera diferente por los distintos clientes. Un viaje al extranjero puede representar para usted una excelente actividad de ocio, para otros una posibilidad de crecimiento cultural, para algunos incluso la oportunidad de decirles a sus amigos que estaba fuera. Algunos buscan ahorro en los productos/servicios que compran, otros quieren más asistencia técnica valorando más la seguridad.

Principio 5

Descubra cual es el beneficio más importante para el cliente.

¿Status? ¿Prestigio? ¿Economía? ¿Qué sea práctico? ¿Beneficios? ¿Entrega rápida? ¿Volumen de negocios? ¿Durabilidad? ¿Seguridad? Responda a eso. Identifique cual es el beneficio y venderá más.

El talento de un vendedor se mide por su manera de conseguir argumentos de ventas creativos, "traduciendo" las características del producto/servicio en beneficios reales para los clientes. De hecho, conocer las características de lo que se vende es la base para, a partir de ellas, crear beneficios. Tenga en cuenta los siguientes parámetros básicos para el perfecto conocimiento del producto o servicio.

Características

Son los atributos físicos del producto o las condiciones específicas de servicio. Es la descripción pura y simple del producto o servicio. Responde a la pregunta: ¿Que es el producto/servicio?

Beneficios

Son las satisfacciones, ventajas o beneficios que el comprador desea de sus compras. Es aquello que el producto o servicio hace: responde a las preguntas: ¿Qué significa esto para el comprador? ¿Qué valor tiene para el comprador? ¿Qué puedo conseguir con eso?

Técnicas de Venta en Telemarketing

Marque los números del éxito....

Marque 0 – Planee la llamada

Prepárese para hacer una llamada. Conozca todo acerca de su producto o servicio. Estudie sus características, su empresa. Descubra todo lo que sea importante acerca de los negocios del cliente. Tenga toda la información a mano. Cuanto más y mejor se prepare, más seguro estará.

Marque 1 - Cree una imagen positiva

No se deje vencer por el miedo. Crear una imagen mental positiva que le muestre a usted un cliente dispuesto a dar la bienvenida a su llamada. Tenga confianza en usted mismo, en la empresa y en los productos y servicios que vende.

Marque 2 – Demuestre interés

La gente quiere sentirse especial. Muestre interés real en los problemas de los clientes desde el primer momento y que desea ayudarle a tomar una buena decisión. Nunca diga lo que no pueda hacer: ofrezca siempre soluciones alternativas al cliente. Póngase en su lugar.

Marque 3 – Llame la atención

Cuando llame, mantenga la atención del cliente con alguna afirmación o pregunta intrigante. Cree en los primeros segundos de contacto telefónico el interés en continuar escuchándolo, el deseo de saber más acerca de lo que está ofreciendo. Hable de promociones, de reducción de costes. Muestre que conoce al cliente, la empresa y el segmento de negocio.

Marque 5 – Haga preguntas

Este siempre en sintonía con las necesidades y los deseos de su cliente. Haga preguntas directas - ¿Qué? ¿Cuál? ¿Cómo? ¿Por qué? ¿Dónde? ¿Cuánto? Escuche cuidadosamente las respuestas y anote los puntos principales

Marque 6 – Hable de beneficios

Presente su producto/servicio bajo el punto de vista de

los beneficios: lo que hace y cuáles son las ventajas. Aprenda cuales son los beneficios que el cliente quiere escuchar, conozca lo que es decisivo y fundamental para él.

Marque 7 – Prepárese si tiene objeciones

Escuche la objeción y trate de repetirla para el cliente. No considere la objeción una amenaza. Acepte las opiniones de los clientes y esté preparado para responder a las preguntas difíciles. Tenga respuestas listas, escogiendo con la práctica las que mejor funcionan.

Marque 8 – Sea un cerrador

Siempre esté atento a la voz del cliente y trate de encontrar las "señales de compra". Piense en las preguntas que llevan al cierre de la venta. Sea natural al preguntar por el pedido, sin cambiar la voz. Lleve al cliente a concordar con usted.

Marque 9 – Repita lo que fue correcto

Antes de desconectar, confirme los detalles de todo lo que fue tratado. Repita los números, la cantidad, la dirección del cliente, etc.

Marque 10 - Vuelva a intentarlo

Inténtelo tantas veces como sean necesarias, sea persistente pero con inteligencia.

Cree nuevos hechos y no tenga miedo de fallar.

Psicología y Técnicas de Venta

Usted puede vender a personas físicas o jurídicas pero sólo las personas como nosotros son las que compran. Por eso, para vender más y mejor siga estas tres pequeñas reglas simples y eficaces.

1. Comuníquese bien con las personas

2. Comuníquese con muchas personas

3. Comuníquese con muchas, muchas persona......

Recuerde que la venta es la disposición feliz entre dos personas. Es un esfuerzo conjunto en el que actúan juntos corazón y mente. El vendedor de éxito parte del hecho de que el cliente es un ser humano respetado.

Actitud Mental Contagiosa

Si el vendedor tiene dudas sobre si mismo, sobre su producto o empresa, el comprador se dará cuenta de la falta de confianza. Nadie quiere comprar a un vendedor pesimista porque el comprador siente la actitud mental del vendedor. Todo ser humano normal prefiere la certeza a la incertidumbre, prefiere ser feliz a ser infeliz, prefiere el optimismo al pesimismo. Es por estas y otras razones que muchos compradores no compran a personas desconfiadas, sin equilibrio y que piensan de forma negativa.

Conflictos del Comprador

De acuerdo con la psicología de ventas, el vendedor debe ayudar al comprador a resolver tres tipos de conflictos:

1. De necesidad

2. De oferta

3. De decisión

Una persona o una empresa siempre tendrán necesidades pero sólo unas pocas serán satisfechas.

Identificando correctamente las necesidades del comprador a través de preguntas de localización, estudio e investigación, el vendedor profesional pasa a verse con optimismo y se convierte en un hombre que ofrece un servicio al comprador. El comprador se sentirá libre de sus conflictos cuando está seguro de que está recibiendo un buen trato.

Tipos de Clientes

Hay varios factores que influyen en nuestro comportamiento y actitudes.

Una persona puede estar tranquila en un momento dado y en otros muy nerviosa y agresiva. Compete al vendedor percibir este tipo de matices psicológicos para dar servicio al cliente.

TIPO	CARACTERÍSTICAS	ACCIÓN DEL VENDEDOR
1- NORMAL	- Piensa, pondera, analiza y decide - Escucha con naturalidad	**- Exponer claramente: con mucha calma** **- Ser minucioso en los detalles** **más importantes** **- Escuchar atentamente** **- Acepta las observaciones contrarias** **- Argumentar con objetividad, salientando el diferencial del producto / servicio**
2 - GROSERO	- Casi siempre es agresivo - Habla muy alto - Es muy sensible - Generalmente es una persona	**- Actuar con calma y comprensión** **- Procurar descubrir el punto flaco del cliente y exponer con claridad.** **- Generar informaciones sobre todas las dudas del cliente**

	problemática	**antes de argumentar**
3- METICULOSO	- Quiere detalles - Muy sistemático - Le cuesta decidir	**- Hacer una exposición muy clara y minuciosa** **- Dar detalles** **- Hacerle preguntas, solicitando su opinión** **- Forzar al cierre de la venta y nunca huir de las preguntas**
4- SABELOTO	- Es vanidoso, autosuficiente - Desprecia a otros - Se juzga inteligente	**- Hacer que el cliente se sienta bien** **- Escuchar con atención** **- Apelar a la vanidad** **- Pedirle su opinión** **- Repetir frases dichas por el cliente y mostrar que está de acuerdo con él**
5-OCUPADO	- El tiempo es precioso para él - Decide rápido - Lo usa como auto	**- Exponer claramente y rápido las ventajas pero teniendo cuidado de no mostrar miedo o indecisión**

	defensa	
6- DESCONFIADO	- Difícilmente se expone - Generalmente ya tuvo desengaños comerciales	**- Ser meticuloso en la explicación** **- Exponer hechos** **- Dar referencias**
7- CALLADO	- No se manifiesta - Cuando habla es impreciso	**- Con claridad absoluta** **- Provocar el dialogo haciendo preguntas de sondeo y encuesta**
8-INDECISO	- Es miedoso, tiene dificultades para decidir - Es emotivo, tiene problemas	**- Procurar asesorarlo** **- Ayudarlo a decidir**
9-FORMAL	- Ceremonioso - Da un alto valor a las tradiciones y clases sociales	**- Aprovechar esos valores y valorizar su modo de ser**
10- HABLADOR	**- Habla demasiado** **- Es peligroso pues lo enreda** **- Huye del asunto para defenderse**	**- Con calma** **- No liarse en detalles** **- Al argumentar debe enfatizar el coste en función del beneficio**

Técnicas de Ventas Telefónicas

En el primer contacto telefónico con el cliente comenzamos un proceso que tiene como objetivo la venta de un producto. Para que este fin sea siempre como el vendedor planea es necesario que él use técnicas apropiadas.

Todo contacto tiene como objetivo la venta, para lograr este objetivo el vendedor debe conocer los cuatro pasos de la venta:

1. ABORDAJE

2. IDENTIFICACIÓN DE NECESIDADES

3. TRATAMIENTO DE OBJECIONES

4. CIERRE DE LA VENTA

Técnicas de Abordaje

Es el primer contacto con el cliente. Esta fase es muy difícil, ya que usted hará un contacto con un cliente con el que nunca habló antes.

La mayoría de los vendedores pierden sus ventas en esta etapa, ya que van con muchas ganas de cerrar la venta y llegan ya ofreciendo productos/servicios. La primera respuesta que el cliente le dará será del tipo "No me interesa", "Llame otro día", etc. Otros vendedores también pierden ventas porque no están preparados psicológicamente, carecen de argumentos y la voz empieza a ser inestable y su cliente se da cuenta de inmediato. Muy amablemente, le dirá "las compras están cerradas ya para este mes."

Cuando iniciamos un diálogo con alguien, tenemos que introducir un tema que vaya a llamar la atención y crear interés. Tenemos que tener buena información para que el cliente se vuelva receptivo y dirija su atención al producto en venta.

Recuerde que la fase de aproximación/abordaje no es para vender productos/servicios, sino más bien, para despertar al cliente interés para escucharlo, si usted comete errores en esta etapa la entrevista no continuará.

Consejos:

- Investigue antes el potencial del cliente.

- Planifique su llamada

- Antes de hablar con el comprador identifique el producto que la empresa ya tiene

- Revise toda la información del cliente

Identificación de Necesidades

Es común que determinados profesionales escuchen de sus clientes: "No tengo ningún interés", "Yo ya tengo uno y estoy satisfecho". Estas frases son suficientes para hacer renunciar a muchos vendedores que venden por teléfono. Y vea que muchos vendedores están muy bien informados sobre los productos que venden.

Es necesario investigar las razones por las que el cliente podría comprar seguro.

Para esta investigación, utilice preguntas. A través de las respuestas de los clientes podrá obtener información importante que le ayudará en la venta.

Para identificar las necesidades de un cliente haga preguntas y escuche las respuestas. Este es el secreto.

Hay dos tipos de preguntas:

1 – PREGUNTAS DIRECTAS

Sirven para recibir respuestas objetivas y específicas. Por ejemplo:

- ¿Cree usted que este aspecto de la máquina es interesante?

- ¿Prefiere la entrega esta semana?

- ¿Prefiere este modelo de fax con cortador?

- ¿Encuentra esta calculadora ideal?

- ¿A vista o facturado?

Vea que cuando usted hace preguntas directas a alguien las respuestas van a ser siempre objetivas o cerradas. No abren diálogo, es decir, el cliente responderá exactamente lo que usted pidió.

2 – PREGUNTAS INDIRECTAS

Sirven para que el cliente hable con más libertad, es decir, pueden exponer mejor lo que piensa. Por ejemplo:

- ¿Cuál es su opinión sobre este fax?

- ¿Qué piensa usted acerca de una copiadora?

- ¿Cuáles son sus dudas con respecto a este equipo?

Observe cómo una pregunta indirecta da lugar a conversaciones que duran más tiempo. Cuando el cliente habla él emite opinión sobre: el tipo de equipo, necesidades, preferencias, etc. Por lo tanto, su habilidad reside en saber hacer las preguntas adecuadas, ya sean directas o indirectas.

¿Cuándo debo hacer una pregunta directa o indirecta? Observe con atención la utilidad de las preguntas.

Preguntas directas:

- Ayudan en la fase de cierre de la venta. Por ejemplo: ¿Podemos cerrar el trato?

- Informan en la fase de identificación de las necesidades del cliente. Por ejemplo: ¿Es este el equipo que necesita?

- Llevan al cliente a ser más objetivo.

Preguntas indirectas:

- Ayudan al vendedor a identificar las necesidades del cliente. Por ejemplo.: Entonces, ¿esta máquina cuenta con memoria electrónica?

- Ayudan a identificar si el producto ofrecido cumple con las necesidades del cliente. Por ejemplo: Entonces, ¿con este equipo resuelve su dificultad?

- Permiten al cliente hablar más de sus necesidades.

- El cliente habla de sus opiniones como primera pregunta de la entrevista de ventas.

El Cierre de la Venta

¿Qué es el Cierre de la Venta?

Es el momento, en el diálogo transcurrido, en que el cliente mentalmente acepta la compra del producto. Para el cliente ya está instalada "la propiedad del producto." Es también el momento en el que usted sabrá si identificó o satisfizo las necesidades del cliente.

Este es momento de transmitir una sensación muy positiva por parte del vendedor; debe haber seguridad, firmeza y tranquilidad. El vendedor(a) debe percibir en su cliente señales emitidas, que traducidas en palabras indican si el cliente está o no preparado para comprar.

Ejemplos de señales de compra que el cliente emite durante la entrevista de ventas.

- ".... No sé si podría pagar de esta manera..."

- "... ¿Cuál es el descuento que usted puede hacer ....? "

- ".... Me lo pensaré luego le llamo...."

- ".... Pero este producto hace eso que ....? "

Recuerde:

Para cerrar una venta, usted debe:

- Tener una actitud positiva

- Hacer preguntas

- Solicitar el pedido

- Confirmar todo con el cliente

Nunca espere que el cliente diga: Vale, ¿cuándo puedo recibir el producto? Esto es raro que suceda. Es necesario que usted lo provoque, usted está allí para eso.

TIPOS DE CIERRE

No todos los clientes son iguales. Algunos son más directos, otros más inseguros y otros aún más indecisos. Para ello, use su habilidad para facilitar el cierre.

- **CIERRE DIRECTO:** Cuando el cliente no hace ninguna objeción, ni sobre el producto ni sobre las condiciones de pago, etc.

- **CIERRE ALTERNATIVO:** Es la clase donde se pone en el cierre al cliente dos posibilidades alternativas para cerrar la venta siempre que en cualquiera de ellas usted pueda cerrar la venta.

Ejemplos:

- ¿Prefiere recibir el pedido mañana o el lunes?

- ¿Prefiere pagar en efectivo o por banco?

- Prefiere que el producto tenga 110 o 220 voltios

- El producto estará en esta sala o...

CIERRE PASO A PASO: Este tipo de cierre es más aplicado a las personas que tienen dificultades para tomar una decisión. Para este tipo de persona es más fácil resolver pequeñas cosas de cada vez. De ahí el nombre de paso a paso.

Ejemplos:

- El señor me dijo que pagar a vista es engorroso, ¿no?

- De hecho, es muy exigente.

- Y si nosotros programáramos la primera entrega de aquí a quince días, ¿le ayudaría?

- Dijo que tiene muchas dificultades con su equipo ya que no hace eso, ¿no?

No hay tal o cual modelo que cierre la venta mejor. Hay, sí, algunas características de su cliente que si usted percibe desde el principio le facilitarán el cierre de la venta.

La Fase de las Objeciones

Ha seguido todos los pasos de la venta y, de repente, el cliente viene con una objeción. Este es un momento excelente para poner a prueba su habilidad y eficiencia en el arte de vender.

Muchos vendedores pueden buscar las objeciones e ignorarlas, otros pueden técnicamente superar y satisfacer al cliente. Así que hay que estar preparado para hacer frente a los clientes que no aceptan fácilmente el cierre incluso si ha seguido todos los pasos sugeridos aquí.

Hay situaciones en las que los clientes se resisten a la compra al ver desventajas o por encontrar que el producto no aporta una solución a sus necesidades. A esto le llamamos objeción. Objeción es la resistencia a la compra. La mejor manera de superar las objeciones es seguir algunos pasos importantes.

1 - Identificar cual es el tipo de objeción

- **Desconfianza** = el cliente no cree que su oferta responda a la necesidad que usted ha identificado. Duda de la compañía, la forma de comercialización, del producto o incluso de usted.

- **Desventaja** = aparece cuando el cliente percibe algo que no le agrada en el producto que está vendiendo. Surge cuando usted no identificó adecuadamente la necesidad o cuando usted habló de un beneficio que no le agradó.

- **Ignorancia** = aparece cuando el cliente no entiende su declaración de beneficio. Ciertamente el vendedor no estaba bien informado de todas las características de su producto.

2 - Aplicar la técnica de argumentación

- **Escuche** = escuche con atención al cliente para que usted identifique el tipo de objeción. De esta manera tiene un poco más de tiempo para pensar sobre la forma de tratar.

- **Pregunte** = si usted no pregunta, nunca sabrá cual es el problema del cliente. Haga preguntas directas para identificar claramente el punto principal de la objeción. Con eso usted está pensando en lo que habló.

- **Comprenda** = comprenda el problema del cliente como si fuese suyo. De esta manera usted demuestra que está pensando en lo que el cliente dice y que no está ahí para discutir con él, sino para ayudarlo y entenderlo. Entender es colocarse en el lugar de él.

Superando las Objeciones

Superar objeciones es una de las habilidades más importantes del vendedor profesional. Sea vendedor(a) externo(a) o interno(a), o incluso, televendedor(a), las objeciones son una constante. Hay actitudes positivas que pueden tomarse ante las objeciones, aquí están algunas de ellas:

- **Considere una objeción como una oportunidad para proporcionar información sobre el producto o servicio**. Aprenda a aceptar la objeción como un indicador de interés por parte del cliente potencial.

- **No tenga miedo de las objeciones y no huya de ellas como si pudiera hacer caso omiso de ellas**. Incluso si suceden en medio de una demostración del producto, deténgase y piense. Sea cortés y responda a la objeción sin demora, de una manera agradable. No deje que el cliente sienta que su objeción lo perturba. El miedo a objeciones es a menudo uno de los factores más importantes para explicar los fracasos de los vendedores.

- **No discuta con el cliente**. No se muestre polémico aunque la objeción le parezca totalmente ilógica. Controle sus emociones en tales ocasiones, sea frío. El cliente puede estarlo poniendo a prueba.

- **Aprenda de las objeciones.** Si la misma objeción aparece siempre que muestra el producto, revise su presentación para incluir en ella respuestas a las posibles objeciones que se plantearán. Es decir, "mátela" antes de que suceda. Al hacerlo, usted será capaz de evitar muchas otras objeciones.

Recuerde: mantenga una actitud positiva acerca de las objeciones, y véalas como preguntas sin respuesta en la cabeza del cliente. Esto le ayudará mucho para superar con éxito las objeciones.

Hay formas de enfrentar objeciones. Algunos ejemplos son:

1 - Transforme la objeción en un punto positivo para la venta

- "Este maletín es muy difícil de abrir debido a la cerradura con clave ...."

Respuesta:

- "Muy pronto ya estará plenamente familiarizado con el sistema y la dificultad para abrirlo le permitirá mantener los contenidos de la carpeta a salvo de los demás... "

2 – Niegue la objeción indirectamente. Este es el método llamado C .E. P (concuerde, explique y pregunte)

Tenga en cuenta el ejemplo:

- **Cliente**: "Pero este tipo de equipo es mucho más caro"

- **Vendedor**: Estoy de acuerdo con su preocupación por los precios bajos pero como podrá comprobar la durabilidad y fiabilidad de estos suministros le traerá más tranquilidad con sus clientes. ¿Está de acuerdo?

Tenga en cuenta que el vendedor no está concordando directamente con la objeción del cliente sino con las razones que le llevaran a hacerlo.

3 - Pida al cliente que explique la objeción. Si usted hace esto con tacto, realmente de forma educada, su cliente se sentirá alagado por su interés en torno a la duda expresada por él. Y por un momento, será él quien le dará explicaciones a alguien. A menudo, el propio cliente acaba bordeando la objeción que él mismo planteó. Y cuando tal cosa no sucede, usted habrá obtenido mejor comprensión sobre la naturaleza de la objeción por lo que será más capaz de conseguir enfrentarla.

Observe el ejemplo:

- **Cliente**: "Creo que no voy a comprar ahora"

- **Vendedor**: "¿Le puedo preguntar por qué no ahora?"

- **Cliente**: "Es que no podemos pagar nada ahora. Vamos a esperar al próximo mes "

- **Vendedor**: "Si ese es el problema puedo programar el primer pago a 30 días y así no perderá esta gran oportunidad"

4 - Muestre al cliente una ventaja compensadora, un punto superior que minimice la objeción.

Por ejemplo:

Cliente: "Si nos decantamos por este coche vamos a tener que comprar todos estos accesorios" Vendedor: "Sí pero piense en la comodidad que le traerán los accesorios y, por supuesto, van a aumentar su valor"

Recuerde, la objeción comenzó con una pregunta en la cabeza del cliente: cuando esta pregunta ha sido contestada ¡pare! De lo contrario, pueden surgir otras preguntas. Además, puede volverse repetitivo o mostrarse demasiado entusiasmado sobre su propia lógica. Vuelva a los beneficios tan pronto como sea posible. Continúe su presentación/demostración o el cierre puede no ocurrir nunca.

Reglas para el Tratamiento de Objeciones

No se deprima ante las negativas de su cliente. Siga trabajando.

No absorba las objeciones del cliente como críticas personales.

Olvide las objeciones negativas causadas por el cliente.

No las lleve a sus próximos contactos.

No lleve las frustraciones del día a día a casa.

Revitalícese con las objeciones. Tome lecciones para mejorar su rendimiento. La objeción del cliente forja una personalidad fuerte en el profesional.

Compruebe que muchos vendedores de éxito también superan con determinación el sentimiento negativo de oír muchos "no" hasta oír el "sí" del éxito.

OCHO PASOS PARA UNA VENTA POR TELEFONO		
SECUENCIA	COMPORTAMIENTO	**CONTENIDO**
1o.	Diga lo que usted es	**NOMBRE.....................** **EMPRESA...............**

PASO		
2o. PASO	Transforme a su oyente en un amigo	**Use un tono de voz agradable y familiar**
3o. PASO	Déle una razón para continuar en la línea	**Hable sobre un beneficio de carácter más amplio**
4o. PASO	Haga preguntas que lleven los hechos para cualificar el interlocutor	**¿Qué? ¿Quién? ¿Cuándo? ¿Cómo? ¿Dónde? ¿Por qué?**
5o. PASO	Transmita el mensaje de venta	**Hable de beneficios**

6o. **PASO**	Supere las objeciones	**Reconózcalas como tal. Repítalas para que el cliente sepa que usted lo entiende**
7o. **PASO**	Pida el pedido y confíe los detalles	**Registre todas las informaciones**
8o. **PASO**	**Agradezca al cliente y termine la llamada**	**Sea cortés y colóquese a su disposición para cualquier cosa**

Ruta / Guión

Un script o guión bien diseñado guía el comportamiento profesional de ventas durante la llamada telefónica, dándole mayor seguridad y capacidad al argumentar sobre el producto y superar las objeciones.

El desarrollo de un guión es fundamental para el desarrollo del trabajo de telemarketing.

1.- Planificación de la llamada

Antes de iniciar la conexión pregúntese:

- ¿Sabe a quién llamar y cuándo?

- ¿Está segura(o) del propósito de la llamada?

- ¿Sabe lo que va a decir después de decir buenos días?

La llamada debe ser planeada con tanto cuidado como usted planea una presentación personal. Para una buena planificación de la llamada, tenga en cuenta los siguientes puntos básicos.

Objetivos

Establezca los objetivos para cada llamada y escríbalos.

A Quién Llamar

Para seleccionar el mercado objetivo de ventas tiene que determinar quién constituye un cliente potencial. Por lo tanto, lo primero que hay que hacer es establecer un criterio para calificar el cliente.

Cuando Llamar

Identifique los momentos más apropiados para hacer la llamada.

¿Qué decir?

Después de definir a quién llamar y cuándo, se debe preparar bien lo que va a decir. Los primeros 30 segundos son fundamentales para que se obtenga éxito.

Cómo Acercarse

1. Contacte con la persona que toma decisiones

- (nombre) por favor

- Si le preguntan quién está hablando, identifíquese con su nombre y el de su empresa

- Si le preguntan la finalidad de la llamada, resuma en una o dos frases una ventaja general y pida nuevamente hablar con la persona clave

Nota: No de información para otra persona.

2. Si no sabe el nombre de la persona, sugerimos

- Me gustaría hablar con la persona responsable de las compras, ¿podría decirme quién es?

- Podría saber cuál es la posición de ....?

- Si la persona no tiene la información. ¿Con quién podría hablar para obtener la información?

3. Si la persona que busca no está

- Fije un momento adecuado para encontrarlo (agenda/anote)

- ¿Cuál es el mejor momento para hablar con esa persona?

- ¿Se encuentra disponible por la mañana o por la

tarde?

Frases para captar la atención con base en:

- Referencia de una tercera persona (indicación de un cliente)

- Material enviado por correo

- Promoción/lanzamiento de la compañía en que usted trabaja

- Anuncio, publicidad

- Un problema que la empresa del cliente potencial pueda resolver con un producto/servicio que su empresa tiene

- Prestigio de la empresa que usted representa

- Contacto previo con el cliente potencial

Por ejemplo:

- Durante las últimas dos semanas, recibió un e-mail donde nos referíamos a productos..

- Probablemente el señor ya tuvo la oportunidad de ver el anuncio en ....

- Si el señor leyó sobre (nombre del material) sin duda observó ....

- Señor me puede dar unos minutos para explicar

....

Estas frases atraen la atención del cliente potencial y deben ser seguidas por otra que genere más interés.

Cómo Identificar Necesidades de Compra

1- Búsqueda de necesidades

Una vez obtenido el permiso para hablar, haga una afirmación simple y franca y pase directamente a la primera cuestión de la identificación.

Ejemplos:

- "Gracias Sr. ...."

- "¿Podría usted decirme más sobre ....

- "Antes de contarles lo que podemos hacer ....."

2- Identificar las necesidades

Las preguntas se hacen para descubrir las necesidades de los clientes potenciales en relación con el producto o servicio en cuestión.

PREGUNTAS ABIERTAS:

- Consiguen la participación de los clientes

- Son las características de la primera pregunta en cuestión

- Generan nuevos datos o necesidades que usted conocía

Ejemplos de preguntas abiertas:

- "¿Cuál fue su experiencia con ..."

- "¿Cuál es su principal preocupación ....."

- "Que le pareció..."

- "¿Cuál es su opinión con ...."

- "¿Está satisfecho con ...."

Como Hacer el Cierre

Si ya mostró los beneficios, dependiendo de las necesidades del cliente, siga para cerrar la venta. Ahora es preciso observar lo siguiente:

A- Tenga una actitud positiva

B- Haga preguntas

C- Cierre el pedido

Algunos ejemplos de frases que reflejan una actitud positiva son:

- "Por lo que hemos visto, este equipo cumple plenamente sus necesidades..."

- "Como hemos visto, esta forma de pago le ayuda..."

Recuerde que las personas se comportan de manera

diferente unas de las otras. Por lo tanto, no se debe aplicar la misma manera de cerrar el pedido a todas las personas. Así que utilice su sensibilidad para cerrar la venta.

Algunas frases que pueden ayudarle son:

- "Negocio cerrado/Trato hecho..."

- "Todos los puntos fueron acordados, ¿está conforme?"

- "¿Cuándo puedo mandar el equipo?"

- "¿Prefieren pagar en efectivo o en cuotas?"

Cómo Superar las Objeciones

Tiene que estar preparado para trabajar con el cliente que no acepta fácilmente el cierre incluso si ha seguido correctamente todos los pasos de la venta.

Hay situaciones en las que el cliente se resiste a la compra por sentir los "inconvenientes" en el negocio o "desconocimiento" del producto, otros "desconfían" de algo que puede estar relacionado con el producto, el negocio, la empresa, etc.

Estas son algunas de las frases que bien situadas pueden aliviar la objeción planteada:

- "Puedo entender perfectamente su posición"

- "Mucha gente piensa de la misma manera que usted"

- "¿Quién no se preocupa por eso actualmente?"

Con el uso de frases usted estará:

1. - Dando un tiempo para que su cliente y usted se calmen.

2. - Aclarando mejor las dudas que aún persisten.

3. - Demostrando que quiere ayudarle.

Así que no se preocupe y no pierda el control de la situación. Recuerde la técnica que siempre es efectiva:

- Escuchar

- Preguntar

- Comprender

- Dar solución

Reglas para un Buen Servicio

Cuando atienda el teléfono identifique claramente su empresa.

Sepa escuchar: anote el nombre de su interlocutor y anote los puntos clave de la conversación.

Hable claramente, usando su voz natural.

Identifique el ánimo de quien está hablando: si el cliente está nervioso no lo fuerce.

De un toque personal a la conversación: trate a la persona con quien está hablando por su nombre.

Use palabras mágicas como: por favor, disculpe, gracias, etc.

Las llamadas comerciales deben terminar con palabras de agradecimiento.

Nunca cuelgue antes que su cliente.

Cuando conteste el teléfono en su empresa, recuerde que usted es la empresa para la persona que está al otro lado de la línea.

Por teléfono la primera impresión es la que queda.

Editorial

IT Campus Academy es una gran comunidad de profesionales con amplia experiencia en el sector informático, en sus diversos niveles como programación, redes, consultoría, ingeniería informática, consultoría empresarial, marketing online, redes sociales y más temáticas envueltas en las nuevas tecnologías.

En **IT Campus Academy** los diversos profesionales de esta comunidad publicitan los libros que publican en las diversas áreas sobre la tecnología informática.

IT Campus Academy se enorgullece en poder dar a conocer a todos los lectores y estudiantes de informática a nuestros prestigiosos profesionales, como en este caso **Ángel Arias**, experto en Consultoría TIC y Desarrollo de Web con más de 12 años de experiencia, que mediante sus obras literarias, podrán ayudar a nuestros lectores a mejorar profesionalmente en sus respectivas áreas del ámbito informático.

El Objetivo Principal de **IT Campus Academy** es promover el conocimiento entre los profesionales de las nuevas tecnologías al precio más reducido del mercado.

Acerca del Autor

Juan Carlos González Iglesias es un analista informático con más de 18 años de experiencia en sector informático. Con experiencia en trabajos de consultoría, desarrollo de software de sistemas informáticos e implementación de software empresarial, en grandes empresas nacionales y multinacionales, Juan Carlos se decantó por el ámbito de la formación online, y ahora combina su trabajo como consultor informático, con el papel de profesor online y autor de numerosos cursos online de informática y otras materias.

Ahora Juan Carlos, también comienza su andadura en el mundo de la literatura sobre la temática de la informática, donde, con mucho empeño, tratará de difundir sus conocimientos para que otros profesionales puedan crecer y mejorar profesional y laboralmente.